# Inversión en bolsa para principiantes

**Aprenda lo básico**

**de la inversión en bolsa y**

**Estrategias en 5 días y**

**De forma efectiva**

**Por**

**Michael Ezeanaka**

www.MichaelEzeanaka.com

## Derechos de autor ©2021

Todos los derechos reservados. Salvo lo permitido por la Ley de Derechos de Autor de los Estados Unidos de 1976, el escaneo, la carga y la distribución de este libro a través de Internet o por cualquier otro medio sin el permiso expreso del autor es ilegal y está penado por la ley. Por favor, compre sólo ediciones electrónicas autorizadas y no participe ni fomente la piratería electrónica de material protegido por derechos de autor.

## Descargo de responsabilidad

Esta publicación ha sido concebida para proporcionar información competente y fiable sobre el tema tratado. No obstante, se vende en el entendimiento de que el autor no se dedica a prestar asesoramiento profesional en materia de inversiones o de otro tipo. Las leyes y las prácticas varían a menudo de un estado a otro y de un país a otro, y si se requiere asistencia en materia de inversiones o de otro tipo de expertos, deben solicitarse los servicios de un profesional. El autor renuncia específicamente a cualquier responsabilidad que se derive del uso o la aplicación del contenido de este libro.

## Table of Contents

## Introducción

Mary era una madre soltera que no había terminado el instituto. Le costaba encontrar trabajo, así que, para llegar a fin de mes, decidió convertirse en una empleada doméstica interna. Trabajaba seis días a la semana y casi dieciséis horas al día. Durante su quinto año como empleada doméstica, su empleador le dio una bonificación de 2.000 dólares. Utilizó ese dinero para invertir en el mercado de valores. Se reunió con un asesor financiero, abrió una cuenta de inversión en acciones y empezó a invertir. Siguió ingresando 120 dólares al mes en su cuenta de inversión. Al cabo de unos años, su inversión de 2.000 dólares se convirtió en 120.000 dólares. Utilizó una parte del dinero para poner en marcha un pequeño negocio de jabones y ganar más.

La historia de María no es única. Ella es sólo una de los millones de personas que han ganado mucho dinero invirtiendo en la bolsa.

La inversión en bolsa es una gran opción para usted si busca opciones de ingresos pasivos y la posibilidad de ganar dinero mientras duerme. Aun así, debe saber que no todo el mundo gana a lo grande en el mercado de valores. Aunque mucha gente se enriquece con la inversión en bolsa, también hay inversores que pierden dinero. Mientras algunos inversores se hacen ricos, otros pierden todo el dinero que invierten. El mercado de valores no sólo es un tema intimidante, sino que también es un poco resbaladizo. Por eso, antes de empezar a invertir, hay que conocer a fondo el funcionamiento del mercado de valores.

Usted se ha dado una gran ventaja al obtener una copia de este libro. Contiene estrategias bursátiles básicas que le ayudarán a aumentar sus posibilidades de crear una cartera de valores rentable y sostenible. Este libro está escrito para los que invierten por primera vez en el mercado de valores, por lo que es fácil de entender. Básicamente, es *Inversión en Bolsa para Dummies*. Explica a fondo conceptos aparentemente intimidantes como el comercio de acciones, la inversión en índices, los fondos cotizados en bolsa (ETF), la inversión en fondos de índices y las acciones de bajo coste. Es la guía definitiva para principiantes sobre la inversión en acciones.

**En este libro, descubrirá:**

- Qué es el mercado de valores y cómo se puede ganar dinero con él.
- Qué son las acciones y por qué existen.
- Cómo funciona el mercado de valores.
- Los principales actores del mercado de valores.
- Qué es un índice.
- La diferencia entre un mercado alcista y un mercado bajista.
- El papel que desempeñan la SEC y otros reguladores en el mercado de valores.
- Cómo se puede invertir en el mercado de valores.
- Qué es un plan 401k.
- Qué es una cuenta IRA y cómo puede ayudarle a alcanzar la independencia financiera.
- Estrategias de inversión inteligentes que pueden ayudarle a obtener mayores beneficios.

- Cómo elegir las acciones adecuadas para invertir.
- Factores para tener en cuenta a la hora de elegir una acción.
- Cómo minimizar las pérdidas innecesarias.
- Las empresas adecuadas para invertir.
- El proceso de búsqueda de valores.
- Cómo construir una posición bursátil.
- Qué es un agente de bolsa y cómo elegir el adecuado.
- Cómo leer las confirmaciones de operaciones de su corredor.
- Tipos de operaciones que puede realizar con su corredor.
- Cómo gestionar y diversificar su cartera de inversión en acciones.

Y mucho, mucho más.

## Qué esperar de este libro

Como ya he dicho antes, este libro se ha escrito específicamente para los principiantes en la bolsa. Su objetivo es explicar conceptos financieros y de inversión complejos de forma sencilla. La mayoría de los conceptos bursátiles se definen y explican en términos sencillos. También encontrará un glosario, o "sección de definición de términos", hacia el final de este libro. Esto le ayudará a entender fácilmente términos bursátiles intimidantes.

El capítulo 1 cubre la información básica que necesitará comprender para dominar el arte de la inversión bursátil. En este capítulo, aprenderá qué es el mercado de valores y cómo funciona. También aprenderá:

- Qué son las acciones y cómo se crean.
- Por qué es necesario el mercado de valores.
- La diferencia entre acciones ordinarias y preferentes.
- Los principales actores del mercado de valores.
- Qué es un índice y cómo utilizarlo.
- Cómo se puede ganar dinero en la bolsa.
- El papel de los reguladores del mercado de valores como la SEC.
- Qué es una bolsa de valores y por qué existe.
- Lo que es un mercado bajista.
- Lo que es un mercado alcista.

En el capítulo 2 aprenderá a invertir en bolsa. Este capítulo le ayudará a entender los planes de inversión básicos que tiene a su disposición y cómo elegir el más adecuado.

En ese capítulo, aprenderás:
- Cómo iniciarse en el mercado de valores.
- Cómo invertir a través de un plan 401(k).
- Cómo invertir en un plan de jubilación individual o IRA.
- La diferencia entre un plan 403(b) y un plan 401(k).

- Cómo invertir a través de una cuenta de corretaje imponible.
- Cómo invertir mediante un plan de compra directa de acciones o un plan de reinversión de dividendos.

El capítulo 3 trata de las estrategias de inversión en acciones, como la inversión en valor, la inversión en crecimiento, la inversión en dividendos, el day trading y la venta en corto.

El capítulo 4 le ayudará a decidir cómo elegir las acciones adecuadas para invertir. En este capítulo, aprenderá:

- Cómo fijar los objetivos de inversión.
- Factores que hay que tener en cuenta para elegir una acción.
- Cómo saber si una acción está sobrevalorada.
- Cómo construir una posición bursátil.

El capítulo 5 le ayuda a entender el estado de su cuenta de corretaje. Este capítulo responde a preguntas como:

- ¿Qué es una cuenta de corretaje?
- ¿Qué tipo de valores puede tener una cuenta de corretaje?
- ¿Existe un límite en la cantidad que se puede depositar en una cuenta de corretaje?
- ¿Cuántas cuentas de corretaje se pueden tener?
- ¿Cuál es la diferencia entre un corredor de bolsa de servicio completo y uno de descuento?

En el capítulo 6, aprenderá lo que puede encontrar en la confirmación de una operación de corretaje, como el nombre de la inversión que ha negociado con el símbolo del teletipo, el total de acciones compradas o vendidas, la fecha de ejecución de la operación, el precio de coste o de venta por acción, la comisión que ha pagado al corredor, el valor bruto de la operación, etc.

El capítulo 7 se centra en los tipos de operaciones que puede realizar con su corredor, como las órdenes de mercado, las órdenes limitadas, las órdenes de todo o nada, las órdenes de stop y las órdenes de stop-límite, las órdenes de compra para cubrir, las órdenes de trailing stop, las órdenes diarias y las órdenes GTC, etc.

El capítulo 8 trata del proceso de investigación de valores. Aprenderá a utilizar el análisis macroeconómico y microeconómico para maximizar el rendimiento de sus inversiones.

El capítulo 9 le ayuda a elegir acciones para invertir a largo plazo. Aprenderá las señales que indican que una acción es buena para la inversión a largo plazo (por ejemplo, una ventaja competitiva, un balance sólido, un alto rendimiento del capital, etc.). También encontrará valores de alta calidad que puede explorar.

El capítulo 10 le ayuda a comprender las ventajas de las estrategias de gestión de carteras, como la diversificación.

Además de todo lo anterior, hay una sección de resumen al final de cada capítulo para ayudarle a recordar los puntos importantes. Además, el glosario (situado al final de este libro) puede ayudarle a entender conceptos bursátiles complicados.

## Lo que no hay que esperar de este libro

Gladys había leído algo sobre la inversión en bolsa en Internet y estaba muy emocionada. Abrió una cuenta de inversión y empezó a invertir dinero en acciones.

Al cabo de *unos meses*, Gladys se sintió frustrada por no ver un rendimiento significativo de sus inversiones. Así que decidió abandonar.

La inversión en bolsa no es un plan para hacerse rico rápidamente. Se necesita tiempo para hacer crecer sus inversiones y lograr una gran riqueza.

Este libro contiene *estrategias* eficaces *de inversión a largo plazo* que puede utilizar para convertirse en un inversor de éxito. Definitivamente no es para aquellos que buscan duplicar su inversión en pocos meses.

La inversión en bolsa funciona un poco como los juegos de azar. Cuando se invierte en una acción, se está apostando por un resultado concreto, y no hay garantías. Para aumentar sus posibilidades de ganar, tiene que basarse en la lógica, en estrategias de inversión sólidas y en una amplia investigación. Este libro le ayudará a hacerlo.

Por último, para no abrumar a los *inversores principiantes* con demasiada información, este libro *no* tratará el análisis técnico de los gráficos de las acciones.

### Inspiración #1

"Compra una acción como comprarías una casa. Entiéndelo y te gustará de tal manera que te conformes con poseerlo en ausencia de cualquier mercado".
Warren Buffett

## Capítulo 1

### Entender el mercado de valores

Warren Buffet es una de las personas más ricas y respetadas del mundo. Y se hizo rico aprovechando el mercado de valores. Sin embargo, para convertirse en un inversor rico como Warren, hay que entender a fondo el mercado de valores: qué es y cómo funciona.

Este capítulo le ayudará a obtener una comprensión básica de lo que es una acción y cómo podría ganar dinero en el mercado de valores.

### ¿Qué es una acción?

Una acción, o un título, es una parte de una empresa. La primera acción de la historia fue creada por la Compañía Holandesa de las Indias Orientales (Verenigde Oostindische Compagnie) en 1602 en la Bolsa de Ámsterdam.
Piense en una empresa como una pizza, y las porciones son sus acciones o participaciones. Cuando usted compra una acción de una empresa, es dueño de una parte de esa empresa. Digamos que la empresa ABC tiene 100.000 acciones y usted compra 10.000 acciones. Esto significa que usted es dueño del 10% de la empresa: sus activos e ingresos.

Una acción es una forma de valor o un instrumento financiero que tiene valor monetario y puede ser negociado. Esto significa que, una vez que se compra una acción, se es libre de venderla o negociarla.

Pero, ¿por qué existen las acciones y cómo se crean? Pues bien, las empresas crean y emiten acciones cuando necesitan conseguir dinero para su expansión y crecimiento empresarial. Veamos una historia para ilustrar este punto. Joel creó su pequeña empresa de fabricación de caramelos. Llamémosla Candy Corp a efectos de discusión. Empezó la empresa con sólo tres mil dólares. Compró una máquina de segunda mano a otra empresa de caramelos que había cerrado recientemente.

Él y su mujer, Mara, produjeron mil caramelos y los vendieron por Internet. Al cabo de un año, el negocio creció, por lo que necesitaron contratar a dos fabricantes de caramelos, un contable, un repartidor y un representante de atención al cliente.

Después de cinco años, la empresa de tres mil dólares creció. La demanda de los productos de Candy Corp se disparó. Joel también quería producir más piruletas, gominolas y palitos de caramelo, pero necesitaba alrededor de un millón de dólares para comprar nuevos equipos, contratar más personal, ampliar su fábrica, satisfacer la creciente demanda y producir nuevos tipos de caramelos. Joel no disponía de ese dinero. Tampoco quería pedir dinero prestado a los bancos. Así que decidió vender una parte de su empresa y hacerla pública. Este proceso se denomina Oferta Pública Inicial u OPI, de la que hablaremos dentro de un rato.

Cuando un empresario crea una empresa, la clasifica como privada. Esto significa que su empresa tiene un número limitado de accionistas (él mismo y ángeles inversores como sociedades de inversión, familiares y amigos). Pero, en algún momento, necesitará más dinero para ampliar su negocio y atender a más clientes. Así que, para evitar incurrir en deudas y pagar intereses, decide vender algunas partes de su empresa. Puede hacerlo de forma privada (recaudando dinero de los actuales accionistas) o pública (vendiendo acciones a nuevos accionistas).

Si decide vender sus acciones de forma privada, puede venderlas a quien quiera. Puede venderlas directamente a un amigo, a un conocido de la empresa o a un inversor ángel. Pero, si decide vender las acciones de su empresa más rápidamente, tendría que venderlas al público, y esto no es algo que pueda hacer él mismo. Tiene que acudir a un banco de inversión (llamémosle IB). Basándose en el valor de su empresa, él y IB determinan el precio de las acciones, el número de acciones que deberían ofrecer al público y el porcentaje de su negocio que tendría que ceder.

Supongamos que el negocio del empresario está valorado en 10 millones de dólares y que tiene que vender el 10% de su empresa para conseguir un capital adicional de 1 millón de dólares en una oferta inicial llamada OPV, que se realiza en un mercado de valores.

Una OPV es la primera venta al público de las acciones emitidas por una empresa. Por eso se llama "salida a bolsa". "Suele hacerse en una bolsa de valores.

### ¿Qué es la Bolsa y cómo funciona?

Un mercado de valores es un lugar donde las personas y las empresas emiten, compran y venden acciones. El mercado de valores tiene dos objetivos principales. El primero es ayudar a las empresas a vender sus acciones para que puedan reunir capital para su expansión. Así, si una empresa emite 100.000 acciones al precio de 10 dólares por acción, podría conseguir hasta un millón de dólares de capital en su oferta pública inicial.

El segundo propósito del mercado de valores es dar a los inversores (las personas que compran acciones) la oportunidad de ganar con los beneficios de las empresas que cotizan en bolsa. Supongamos que un inversor compra acciones de una empresa por 10 dólares. Cuando el valor de las acciones sube a 20 dólares, obtiene un beneficio de 10 dólares.

### Hay tres tipos de mercados de valores:

### 1. Bolsas de Valores

Una bolsa de valores es un lugar centralizado donde se compran y venden acciones. Este mercado es esencial para el desarrollo económico, ya que da a las empresas acceso al capital. También da al público en general la oportunidad de hacer crecer su dinero (a través) de las acciones a lo largo del tiempo. Hay dos grandes bolsas de valores en Estados Unidos:

*La Bolsa de Nueva York*

La Bolsa de Nueva York (NYSE) es el mayor y más popular mercado de valores (en términos de capitalización) del mundo. Está situada en Wall Street, Manhattan, y fue fundada el 17 de mayo de 1792. Anteriormente estaba dirigida por una empresa privada, pero se convirtió en una organización pública en 2005. La empresa matriz de la NYSE se llama NYSE Euronext

### *Nasdaq*

La National Association of Securities Dealers Automated Quotations (Nasdaq) es la segunda bolsa de valores más grande del mundo (por el capital que genera). Está situada en la calle Broadway de Nueva York y se creó en 1941. Está gestionada por una empresa privada llamada Nasdaq Inc., que también gestiona varias bolsas en Estados Unidos y en Estocolmo, Copenhague, Tallin, Helsinki, Vilnius, Reikiavik y Ereván.

## 2. Red de comunicaciones electrónicas

Una ECN,o Red de Comunicación Electrónica, es una red informatizada que facilita el comercio de valores y otros productos financieros.

Una ECN suele operar con divisas y acciones. La primera ECN se llamó Instinet y se creó en 1969. Este tipo de mercado financiero suele ser utilizado por una serie de corredores de Forex (divisas). Estos corredores operan con divisas.

## 3. Mercado extrabursátil (OTC)

Los mercados OTC se utilizan para comprar y vender bonos, divisas, derivados y productos estructurados. Estos mercados también se utilizan para negociar acciones.

## Mercados primarios y secundarios

El mercado de valores tiene dos partes: el mercado primario y el mercado secundario. El mercado primario es donde se crean las acciones. La OPI, u oferta pública inicial, es un ejemplo de transacción en el mercado primario. Cuando usted compra una acción en un mercado primario, la está comprando directamente a la empresa.

El mercado secundario, por otro lado, es donde los inversores:
- Comprar acciones de otros inversores y/o
- Vender las acciones que ya poseen.

Las bolsas nacionales, como el NASDAQ y la Bolsa de Nueva York, son ejemplos de mercados secundarios.

## ¿Por qué necesitamos un mercado de valores?

El objetivo principal del mercado de valores es proporcionar una bolsa estructurada y bien regulada en la que los inversores puedan vender y comprar con seguridad acciones de empresas que cotizan en bolsa. También ofrece a las empresas la oportunidad de generar capital mediante la venta de acciones.

## Principales actores del mercado de valores

Cuando piensa en el mercado de valores, probablemente piensa en hombres bien vestidos cargados de testosterona. Piensa en lobos y en gente gritando por teléfono. Pero estos hombres de traje son sólo la punta del iceberg. Hay una serie de actores bursátiles, a saber:

### Inversores

Los inversores son personas que compran y venden acciones para obtener beneficios y hacer crecer su dinero. Los inversores ganan dinero a través de los dividendos y la revalorización del capital. Digamos que un inversor compró diez acciones de la empresa M por 10 dólares cada una, por lo que su inversión total fue de 100 dólares. Al cabo de seis meses, el precio de las acciones de la empresa M aumentó a 15 dólares. Entonces, si el inversor decidiera vender sus acciones, obtendría un beneficio (a través de la revalorización del capital) de 5 dólares.

Hay dos tipos generales de inversores: los "prácticos" y los "no prácticos".

Los inversores que no se involucran dependen en gran medida de los agentes de bolsa. No eligen las acciones en las que invierten. Suelen invertir en fondos de inversión, ETF y fondos indexados.

En cambio, los inversores prácticos seleccionan personalmente los valores en los que invierten. Suelen trabajar activamente con un bróker experimentado para construir su cartera de inversiones.

### Accionistas

Los accionistas son inversores que compran acciones de empresas que cotizan en bolsa. Ya poseen una pequeña (a veces gran) parte de ciertas empresas.

Hay dos tipos de accionistas: los comunes y los preferentes. Los accionistas comunes, como su nombre indica, poseen acciones comunes. Tienen derecho a voto. Pueden elegir a los directivos de la empresa y tienen voz en el desarrollo de las políticas de la compañía. Pero en caso de liquidación de los activos, sólo se les paga después de que los acreedores y los accionistas preferentes reciban su parte.

Los accionistas preferentes, por su parte, poseen acciones preferentes. No tienen derecho a voto, pero tienen un rango superior al de los accionistas comunes. En caso de liquidación de los activos, los accionistas preferentes cobran antes que los comunes.

## Empresas cotizadas

Las empresas que cotizan en bolsa también se llaman "emisores". "Venden sus acciones en el mercado de valores para conseguir dinero para su expansión. Pasan por un proceso llamado Oferta Pública Inicial, o OPI.

## Agentes de bolsa

Un agente de bolsa es un participante en el mercado de valores que negocia acciones y otros valores en nombre de clientes o inversores. Puede ser un individuo o alguien de una empresa de corretaje.

Los representantes de estos agentes de bolsa se reúnen diariamente a una hora determinada en el parqué de la bolsa, donde compran, venden y ejecutan órdenes en nombre de sus clientes.

## Hay dos tipos principales de agentes de bolsa:

- *Tradicional* -Aceptan pedidos de sus clientes en persona o por teléfono.
- *En línea* - No interactúan con sus clientes. Se limitan a tomar el pedido de sus clientes a través de una plataforma online.

## Capitalistas de riesgo

Los inversores de capital riesgo son empresas (o personas) que invierten en empresas en fase inicial. Suelen invertir entre un millón y cien millones de dólares, a veces incluso más. También suelen ocupar un puesto en el consejo de administración de la empresa en la que invierten.

## Banco de inversión o aseguradora

Un banco de inversión (o suscriptor) es una organización que gestiona el proceso de salida a bolsa.

Los bancos de inversión redactan los documentos necesarios, encuentran inversores y realizan la valoración de la empresa. También realizan giras para animar a la gente a invertir en las empresas que representan.

Estos bancos de inversión suelen cobrar entre el 2% y el 7% de la cantidad total de dinero recaudada durante la OPV. Hay muchos bancos de inversión de Wall Street, como JP Morgan, Morgan Stanley y Goldman Sachs.

## Comerciante de pisos

Un operador de piso es un miembro de una bolsa de valores que negocia en el piso por su propia cuenta.

## Agente de piso

Un corredor de bolsa ejecuta las operaciones en el parqué por cuenta de los clientes. Ejecuta las órdenes de los clientes.

### Centro de Intercambio de Información

Una cámara de compensación es una institución financiera que facilita el intercambio de valores y pagos. Su objetivo es asegurarse de que los participantes en el intercambio cumplan con sus obligaciones de liquidación de operaciones.

La cámara de compensación liquida las cuentas comerciales de los miembros y cobra el dinero. También supervisa la entrega de acciones y genera datos de negociación.

Digamos que James vende cincuenta acciones de la empresa X por 2.500 dólares en una bolsa de valores. Diana compra cincuenta acciones de la empresa X por 2.500 dólares.

Diana no tiene que pagar directamente a James por las acciones que ha comprado. La cámara de compensación de la bolsa recoge 2.500 dólares de la cuenta de operaciones de Diana y los transfiere a la cuenta de James.

### Analistas

Los analistas examinan determinados valores para predecir los ingresos, beneficios y precios futuros.

### Inversores en línea

Estos inversores se limitan a crear una cuenta en línea y a operar desde casa.

### Asesores financieros

Esta gente maneja el dinero de otras personas.

### Autores financieros

Estas personas realizan análisis de mercado y publican teorías sobre el comercio de acciones para ayudar a las personas a convertirse en inversores inteligentes.

### Cómo puede ganar dinero con su inversión en acciones

La gente invierte en el mercado de valores para ganar más dinero. Se puede ganar dinero con la inversión en bolsa de dos maneras:

### Apreciación del capital

Es posible que ya haya escuchado el lema de todos los corredores de bolsa de Wall Street: "Compra barato, vende caro. "

Supongamos que usted compró una acción por 150 dólares (precio de compra). Dos años después, decide vender las acciones, que ahora están valoradas en 300 dólares (precio de venta). Esto significa que ha obtenido un beneficio de 150 dólares. La diferencia positiva entre el precio de compra y el de venta se denomina revalorización del capital. Esta es la forma más fácil de ganar dinero en la bolsa.

## Dividendos

Cuando una empresa obtiene beneficios, puede hacer dos cosas: utilizar el dinero para expandirse o distribuir los beneficios entre sus accionistas. Algunas empresas hacen ambas cosas, distribuyendo una parte de los beneficios a los accionistas y utilizando el dinero restante para la expansión. Los beneficios distribuidos entre los accionistas se denominan "dividendos". "

Un dividendo es una parte del beneficio que se distribuye a una clase específica de accionistas decidida por el consejo de administración.

Los dividendos se distribuyen normalmente "por acción". Supongamos que ha comprado 200 acciones de la empresa Z, valoradas en 100 dólares cada una. Por tanto, su inversión total está valorada en 20.000 dólares (200 x 100).

Supongamos que la empresa Z va realmente bien este año y decide pagar un dividendo de 20 dólares por acción. Esto significa que usted obtendrá un pago de 4.000 dólares (200 acciones x 20 dólares por acción) y una rentabilidad por dividendo del 20% (el dividendo dividido por el precio de la acción).

Debe recordar que no todas las acciones vienen con pagos regulares de dividendos. De hecho, no todas las empresas distribuyen dividendos a sus accionistas. Y cuando lo hacen, las empresas pueden elegir a qué clase de accionistas quieren distribuirlo (accionistas comunes o preferentes, de los que hablaremos en breve).

Las empresas en crecimiento son menos propensas a repartir dividendos porque lo más probable es que reinviertan sus beneficios para proporcionar "combustible" para una mayor expansión. Las grandes empresas, en cambio, no necesitan expandirse, por lo que optan por repartir dividendos a sus accionistas de forma regular.

## Acciones ordinarias y preferentes

Tanto las acciones ordinarias como las preferentes representan la propiedad de una empresa. Ambas son herramientas que los inversores pueden utilizar para ganar dinero a largo plazo. Tienen muchas similitudes, pero también tienen varias diferencias.

## Acciones comunes

Las acciones comunes, como su nombre indica, son más comunes que las preferentes. Estas acciones suelen ser más baratas y también más arriesgadas.

Las acciones ordinarias son un tipo de valor que representa la propiedad de una parte de una empresa. Los accionistas comunes tienen derecho a voto (según el número de acciones que posean). Pueden votar sobre las políticas corporativas y las posibles fusiones. También pueden elegir a los directores del consejo de administración.

Además de los derechos de voto, la inversión en acciones ordinarias tiene muchas otras ventajas. Por un lado, tiene un mayor rendimiento que los bonos y otros productos de inversión. También tiene una responsabilidad legal restringida. Esto significa que los accionistas no son responsables cuando la empresa es demandada. También es una inversión muy líquida. Esto significa que es fácil de comprar y vender.

La desventaja de ser un accionista común es que se encuentra en la parte inferior de la estructura de propiedad de la empresa.  Esto significa que si una empresa quiebra y decide liquidar sus activos y propiedades, los accionistas comunes tienen derecho al capital de la empresa sólo después de que se pague a los acreedores, a los tenedores de bonos y a los accionistas preferentes.

| Derecho a los activos de la empresa en caso de liquidación | |
| --- | --- |
| 1ª prioridad | Acreedores/poseedores de bonos |
| Segunda prioridad | Accionistas preferentes |
| Tercera prioridad | Accionistas comunes |

Si es un accionista común, no hay garantía de que vaya a cobrar cuando la empresa quiebre. Esta es la razón por la que es arriesgado.

## Acciones preferentes

Las acciones preferentes son como un híbrido de bonos y acciones. Tienen características tanto de las acciones como de los bonos.

Las acciones preferentes tienen tasas de dividendos más altas. Esto significa que tienen una mayor rentabilidad. También son menos arriesgadas que las acciones ordinarias. ¿Por qué? Bueno, en caso de que la empresa decida liquidar sus activos y propiedades, los accionistas preferentes cobran antes que los comunes.

Al igual que las acciones ordinarias, las acciones preferentes también representan la propiedad de una empresa. Pero, se diferencia de la acción común en el sentido de que los accionistas preferentes reciben un dividendo fijo a intervalos regulares (por ejemplo, anualmente, trimestralmente).

Supongamos que la empresa X emite nuevas acciones preferentes a 50 dólares cada una. Entonces, acuerdan pagar una rentabilidad por dividendo de 2 $ al año. Esto significa que estas acciones tienen una rentabilidad por dividendo del 4% (dividendo anual (2 $) dividido por el precio de las acciones (50 $). Esto es un poco similar a cómo funciona un bono.

El inconveniente de invertir en acciones preferentes es que no tiene derecho a voto. Esto significa que no puede opinar sobre las políticas de la empresa. Tampoco puede elegir a los miembros del consejo de administración. Además, cuando una empresa tiene problemas financieros, puede recortar el pago de dividendos a los accionistas preferentes.

Las acciones preferentes también tienen un bajo volumen de negociación. Esto significa que no puede ampliar fácilmente su cartera de acciones preferentes.

También hay muchos factores que pueden disminuir el valor de una acción preferente, como el tipo de interés. Digamos que sus acciones preferentes tienen un rendimiento anual del 4%. Cuando el tipo de interés sube al 7%, muchos accionistas preferentes pueden optar por vender su acción y reinvertir su dinero en artículos que paguen mayores dividendos. Esto podría hacer bajar el precio de las acciones preferentes.

Poderosos inversores como Warren Buffet tienen una enorme cartera de acciones preferentes. Pero, antes de poner los huevos en la cesta de las acciones preferentes, debe saber que sólo unas pocas empresas emiten acciones preferentes. Estas empresas suelen pertenecer al sector financiero: bancos, empresas de préstamos, compañías de seguros, etc. Debe saber esto porque invertir en el sector financiero es un poco arriesgado, ya que estas empresas suelen tener márgenes de beneficio muy reducidos.

## ¿Por qué fluctúan los precios de las acciones?

El mercado de valores funciona como una casa de subastas. Esto significa que el precio de una acción se basa básicamente en el valor percibido por los agentes del mercado.

El precio de las acciones de una empresa puede cambiar en función de muchas fuerzas del mercado, incluida la "ley de la oferta y la demanda". "Esto significa que una acción de alta demanda es más cara que una de baja demanda.

Tomemos como ejemplo a Berkshire Hathaway. Su acción está valorada actualmente en 115.000 dólares (más o menos), la más cara del mundo.

Esta empresa es un conglomerado multinacional que posee en su totalidad Duracell, Dairy Queen, NetJets, Fruit of the Loom, Helzberg Diamonds y GEICO. También posee una parte de Apple, Bank of America, Kraft Heinz Company, American Express, Pilot Flying J y Coca-Cola.

Pero, ¿por qué es tan caro? Su oferta es demasiado baja porque los actuales accionistas no venden su parte, y sin embargo mucha gente quiere una parte del pastel. Es cara porque la oferta es mucho menor que la demanda. Warren Buffet también mantiene los precios altos para evitar que los inversores a corto plazo provoquen la volatilidad de los precios.

Aparte de la "ley de la oferta y la demanda", hay otros factores que afectan al precio de una acción, como los beneficios futuros estimados, las fusiones, las adquisiciones, los errores de contabilidad, los despidos de empleados, los escándalos empresariales y muchos más.

Digamos que hay dos empresas de pasta, A y B. La empresa A utiliza una receta de pasta tradicional. Es estable y está establecida, por lo que sus acciones se venden a 100 dólares cada una.

La empresa B, en cambio, utiliza salsa de aguacate. Es interesante, pero demasiado inventiva, por lo que su caldo se vende a un precio inferior de 50 dólares.

Supongamos que populares chefs probaron la pasta de la empresa B y pensaron que era el mejor invento culinario junto al pan. Por este motivo, el precio de sus acciones aumentó hasta los 100 dólares.

Ahora, supongamos que los expertos descubren que la pasta de la empresa A tiene un ingrediente que puede provocar cáncer. ¿Cree que el precio de sus acciones seguiría siendo de 100 dólares? Pues no. Este escándalo puede reducir significativamente el precio de sus acciones. Nadie querría ya invertir en la empresa A.

**7 fuerzas económicas que afectan al precio de las acciones:**

## 1. Cambios en la política económica

Un nuevo líder gubernamental puede imponer nuevas políticas, y esto puede afectar en gran medida a las cotizaciones. Los cambios de política pueden tener un impacto positivo o negativo en los precios.

Por ejemplo, si hay una política que impone un impuesto sobre el azúcar a los refrescos, los precios de las acciones de las empresas de refrescos bajarán. El precio de las acciones de las empresas tabaqueras subirá cuando el gobierno decida desregular a los productores de cigarrillos.

## 2. Tipos de interés

El banco central de un país puede aumentar o reducir los tipos de interés para estimular o estabilizar su economía. Este proceso se denomina "política monetaria" y puede afectar a los precios de las acciones.

Supongamos que la empresa K decide pedir un préstamo al banco para expandirse. En ese momento, el tipo de interés era muy alto, por lo que el endeudamiento de la empresa era un poco costoso. Esto disminuyó los beneficios de la empresa K y el pago de dividendos. También disminuyó el precio de las acciones de la empresa.

## 3. Predicciones de los analistas financieros

Si los economistas y expertos financieros piensan que la economía va a expandirse pronto, los precios de las acciones tienden a subir. Los inversores compran más acciones, ya que prevén que los precios de las acciones y los beneficios futuros serán mayores.

Cuando los economistas predicen una posible recesión económica, los inversores entran en pánico y acaban vendiendo sus acciones para invertir en activos seguros (por ejemplo, letras del tesoro, oro, etc.). Esto hace que los precios de las acciones bajen.

## 4. Inflación

La inflación es el aumento de los precios de los productos de consumo. Esto suele reducir los beneficios, ya que aumenta los costes, y también provoca un aumento de los tipos de interés. El Banco Central puede aumentar temporalmente los tipos de interés para encarecer el préstamo de dinero y así controlar su oferta en la economía. Esto ayuda a mantener la inflación bajo control, ya que se gasta menos dinero para adquirir productos/activos -la clásica oferta y demanda-. También puede reducir los precios de las acciones.

Cuando la inflación aumenta, el poder adquisitivo disminuye, y cada dólar puede comprar menos bienes y servicios. Para los inversores interesados en acciones generadoras de ingresos, o acciones que pagan dividendos, el impacto de la alta inflación hace que estas acciones sean menos atractivas que durante la baja inflación, ya que los dividendos generalmente no logran mantener los niveles de inflación.

## 5. Deflación

La deflación es todo lo contrario a la inflación. Cuando los precios bajan, los ingresos y los beneficios disminuyen. Esto puede hacer disminuir los precios de las acciones, y los inversores pueden acabar vendiendo sus acciones.

## 6. Cuestiones políticas y delincuencia

La inestabilidad política suele conducir a la inestabilidad económica. Por ejemplo, un acto masivo de terrorismo como los atentados del 11 de septiembre puede disminuir las actividades económicas y también los precios de las acciones, ya que los inversores venden sus acciones para invertir en refugios seguros como el oro.

## 7. Desastres naturales

Las catástrofes naturales dan miedo y son difíciles de predecir. Pueden destruir vidas y economías. Pueden frenar el crecimiento económico y reducir los precios de las acciones.

Si quiere ser un inversor de éxito, debe examinar a fondo estos factores.

## Qué es una bolsa de valores y por qué es importante.

Una bolsa de valores es un mercado organizado en el que se negocian valores como las acciones. En el mercado de valores se mueven enormes cantidades de dinero de un lado a otro. Cada año se negocian en las bolsas más de cincuenta billones de dólares. Esto es más que la suma del valor de todos los productos y servicios de todas las economías mundiales.

En Estados Unidos hay dos grandes bolsas de valores:

## Bolsa de Nueva York (NYSE)

La Bolsa de Nueva York (NYSE) está situada en Wall Street, Manhattan. Se fundó el 17 de mayo de 1792 y es la mayor bolsa del mundo por el capital que genera.

Las acciones se negocian en la Bolsa de Nueva York de dos maneras: a través de corredores y de sistemas electrónicos. Los corredores (que representan a los inversores) compran y venden activamente acciones en esta bolsa.

## Cotizaciones automatizadas de la Asociación Nacional de Agentes de Valores (NASDAQ)

National Association of Securities Dealers Automated Quotations (Nasdaq) es la segunda bolsa de valores del mundo por el capital que genera. Está situada en Broadway, en Nueva York. Está gestionada por Nasdaq Inc., que también posee bolsas en varias ciudades del mundo, como Estocolmo, Copenhague, Vilnius, Riga, Tallin, Helsinki, Reikiavik y Erevan.

## ¿Qué es un índice?

Al igual que una tienda, el mercado de valores tiene diferentes productos con valores y precios distintos. Pero, ¿cómo saber en cuál invertir? ¿Cómo sacar el máximo partido a su inversión? Pues bien, debe estar familiarizado con diferentes herramientas, términos y conceptos que pueden ayudarle a tomar una decisión sabia e informada sobre la inversión en acciones.

Para ver cómo se comporta un mercado de valores, muchos inversores se fijan en los índices bursátiles. Un índice es una pequeña muestra de valores que se considera representativa de un sector específico o del mercado en general.

Verá, no hay manera de que uno pueda controlar el rendimiento y el valor de todas las acciones en el mercado de valores. Esta es la razón por la que los analistas financieros se limitan a extraer una muestra de acciones de diferentes sectores, como el manufacturero, el minero, el de la moda, el de las materias primas, el inmobiliario, el sanitario y muchos más. Por eso, cuando vea a un periodista económico anunciar que el mercado ha subido un 3%, en realidad se está refiriendo a un índice, o a una pequeña muestra de acciones.

Los índices se utilizan para medir los cambios. Son indicadores de la salud financiera de determinados mercados de valores e industrias.

Para ilustrar este punto, digamos que usted ha invertido en algunas empresas del sector sanitario, pero que el índice IXHC (Nasdaq Health Care Index) está disminuyendo continuamente. Esta información le ayuda a tomar una decisión financiera acertada. Quizá sea el momento de reevaluar sus inversiones y buscar otros sectores en los que invertir.

Hay muchos tipos de índices en todo el mundo, pero aquí hay una lista de los más populares y utilizados:

## El Standard & Poor's 500 (S&P 500)

Este índice refleja el valor medio de mercado (precio de la acción x número de acciones en circulación o en posesión) de quinientos valores "más mantenidos" de diferentes sectores. Estas acciones se mantienen, lo que significa que ya se poseen. Las empresas incluidas en la muestra del S&P se eligen en función de una serie de factores, como su tamaño de mercado y su representatividad en el sector.

El S&P 500 mide el rendimiento de empresas de gran capitalización y consolidadas de diferentes sectores, como Abbott Laboratories (atención sanitaria), Adobe Systems (tecnología de la información), Colgate-Palmolive (productos de consumo), Facebook (comunicaciones), Microsoft (tecnología de la información), Tiffany & Co (productos de consumo discrecional) y Wal-Mart (productos básicos de consumo).

## Promedio industrial Dow Jones (DJIA)

El Dow Jones Industrial Average (DJIA) es el índice bursátil más antiguo y, quizás, el más popular. Se creó en 1885 con el nombre de DJA y pasó a llamarse DJIA el 26 de mayo de 1896.

Este índice toma la suma de los treinta mayores valores de la Bolsa de Nueva York y el NASDAQ, y la divide por un divisor. El divisor se utiliza para garantizar que un movimiento de un punto en un componente de menor precio tendrá el mismo efecto en el DJIA que un movimiento de un punto en un componente de mayor precio. El divisor actual se puede encontrar en el *Wall Street Journal* y es: **0,14748071991788**.

DJIA = Suma (Precios de las acciones componentes)/Divisor de la cotización

Los valores incluidos en el DJIA son tan negociados que son grandes indicadores de la salud general del mercado de valores.

### Índice compuesto del Nasdaq

El índice Nasdaq Composite mide más de tres mil valores. Solía medir exclusivamente valores tecnológicos como Adobe y Google, pero en los últimos años ha añadido valores de diferentes sectores.

### La diferencia entre un mercado bajista y uno alcista

Como se ha mencionado anteriormente, el mercado de valores funciona de forma muy parecida a una casa de subastas. Los precios de las acciones se rigen por la percepción. Hay momentos en los que la confianza del público es realmente alta y optimista, lo que hace que los inversores compren más acciones. También hay momentos en los que los inversores son tan pesimistas que acaban vendiendo la mayoría de sus acciones. Estos sucesos se denominan respectivamente mercados "alcistas" y "bajistas".

### Mercado bajista

No, no estamos hablando de los mamíferos lindos, enormes y esponjosos. En finanzas, un oso es un inversor pesimista, que cree que el mercado de valores va a la baja.

Un mercado bajista es una situación en la que el valor de una acción disminuye al menos un 20% durante un largo periodo de tiempo (al menos dos meses) debido al pesimismo de los inversores. Cuando esto ocurre, muchos inversores optan por vender sus acciones, lo que alimenta aún más la negatividad. Este fenómeno suele durar unos trece meses.

Hay muchos factores que empujan a las acciones a un mercado bajista, entre ellos:

### Previsión de recesión

Una recesión es una situación en la que se produce un descenso de la actividad económica durante un largo periodo de tiempo. Esto significa que hay una disminución de los principales indicadores económicos, como el PIB (producto interior bruto), la fabricación, la renta disponible y el empleo.

Cuando un país tiene una economía floja durante un largo periodo de tiempo, los economistas pueden pronosticar una recesión. Esto podría empujar a los inversores a vender sus valores y hacer bajar los precios.

### Aumento del precio de los productos básicos

Las materias primas son piezas de inversión que incluyen una amplia gama de productos industriales y comestibles como el trigo, el petróleo, el acero, el algodón, el oro, el café, el azúcar, el cacao, el maíz, el ganado vivo y la gasolina. Un aumento de los precios de las materias primas puede provocar inflación. Esto podría tener un impacto negativo en el mercado de valores y llevarlo al territorio del mercado bajista.

## Banco central agresivo

Cada economía (país) tiene un banco central. Este banco controla la oferta monetaria y los tipos de interés del país.

Pero a veces, un banco central puede ser agresivo al aumentar los tipos de interés para evitar la inflación. Cuando esto ocurre, la gente acaba vendiendo sus acciones en favor de inversiones *de alto interés, como* un certificado de depósito, ahorros de alto interés, fondos del mercado monetario y bonos de ahorro estadounidenses.

Esto podría disminuir los precios de las acciones y podría animar a los inversores a vender sus acciones para evitar pérdidas y maximizar sus ganancias.

## Valoraciones extremas de las acciones

La sobrevaloración de las acciones (con respecto a sus beneficios y a su valor intrínseco) puede conducir a una condición de mercado bajista, como lo ejemplifica la situación económica de Estados Unidos en 2001/2002.

Como se ha mencionado anteriormente, un mercado bajista suele durar trece meses. Los periodos más largos de un mercado bajista pueden llevar a una caída de la bolsa. Esto ocurrió en 1973, cuando el mercado de valores permaneció deprimido durante más de diez años.

¿Hay alguna forma de seguir ganando dinero con las acciones durante un periodo de mercado bajista? Sí, puede utilizar una técnica que utiliza Warren Buffet llamada "inversión en valor". "Esto significa que no debe fijarse en el precio de las acciones, sino en su valor intrínseco (sus beneficios, ganancias y activos). Hablaremos de esta técnica de inversión más adelante en el libro.

Además, los inversores más astutos también pueden beneficiarse de las caídas del mercado bursátil poniéndose en corto con los valores adecuados (es decir, los que tienen *más probabilidades* de obtener un rendimiento inferior, especialmente en condiciones de mercado bajista).

## Mercado alcista

Un mercado alcista es una condición en la que los mercados de valores están tan altos que los inversores compran agresivamente acciones, actuando como toros. Este periodo puede durar meses o incluso años.

Un mercado alcista se caracteriza por la gran confianza y el optimismo de los inversores. Se produce cuando los precios de las acciones aumentan un 20% durante un largo periodo de tiempo (normalmente dos meses).

Este fenómeno es difícil de predecir, por lo que los analistas financieros suelen reconocer un mercado alcista después de que haya ocurrido. El mercado alcista más famoso ocurrió en 2003 y terminó en 2007.

Hay muchos factores que empujan al mercado de valores hacia el territorio "alcista", entre ellos el aumento del PIB (producto interior bruto) y la disminución de la tasa de desempleo.

Durante un periodo de mercado alcista, la demanda de acciones supera su oferta, lo que hace que los precios de las acciones suban.

| Bear Market Vs. Bull Market | |
| --- | --- |
| The demand for stocks is lower than its supply – people would rather sell than buy stocks. | The stock demand is higher than its supply – many people are willing to buy stocks, but only a few wants to sell. |
| Investor confidence is low. | Investors are optimistic and willing to buy more stocks. |
| The economy is weak and unemployment rates are high. | The economy is strong, creating more jobs and increasing employment rates. |

## Qué es la SEC y su papel en el mercado de valores

El mercado de valores es una jungla llena de principiantes ingenuos, veteranos codiciosos y agentes de bolsa simplistas. Si no está regulado, los depredadores codiciosos y engañosos podrían aprovecharse fácilmente de los inversores desinformados. Esta es la razón por la que los mercados de valores tienen reguladores.

La SEC o Comisión del Mercado de Valores es una agencia gubernamental que regula la compra y venta de valores, como bonos y acciones, para proteger a los inversores de fraudes y estafas. Fue creada en 1934, lo que la convierte en el primer regulador federal del mercado de valores. Regula la Bolsa de Nueva York (NYSE) y la Bolsa NASDAQ.

La SEC supervisa a las empresas, los individuos y las organizaciones de los mercados de valores, incluidos los corredores, los intermediarios, los inversores, las bolsas de valores, los asesores financieros y los diversos fondos de inversión.

Este organismo gubernamental proporciona a los inversores acceso a documentos importantes, como informes financieros y declaraciones de registro.

La SEC de los Estados Unidos también utiliza diferentes leyes para llevar a cabo sus tareas. Entre ellas se encuentran la Ley de Valores de 1933, la Ley de Fideicomisos de 1939, la Ley de Intercambio de Valores de 1934, la Ley de Sociedades de Inversión (1940), la Ley de Asesores de Inversión (1940), la Ley Sarbanes-Oxley (2002), la Ley Jumpstart Our Business Startups (JOBS) de 2012 y la Ley Dodd-Frank de Reforma de Wall Street y Protección al Consumidor de 2010.

**La SEC cuenta con cinco divisiones, entre ellas:**

- **División de Operaciones y Mercados** - Esta división crea y mantiene normas para mantener los mercados de valores ordenados, eficientes y justos.

- **División de Análisis Económico y de Riesgos** - Esta división fue creada en 2009, y utiliza el análisis de datos para identificar de forma proactiva los riesgos del mercado y las infracciones de la ley de valores. Este departamento participa en diversas actividades de la SEC, como la elaboración de políticas, el examen y la aplicación de la ley.

- **División de Ejecución** - Este departamento aplica las leyes de seguridad e investiga las infracciones.

- **División de Gestión de Inversiones** - Como su nombre indica, este departamento regula varios agentes del mercado de valores, como las sociedades de inversión y los asesores de inversión registrados.

- **División de Finanzas Corporativas** - Este departamento garantiza que los inversores tengan acceso a los documentos que pueden ayudarles a tomar decisiones de inversión acertadas.

Sin embargo, la SEC no es el único organismo que regula el mercado de valores estadounidense. La Autoridad Reguladora de la Industria Financiera (FINRA) es una empresa privada que actúa como SRO u organización autorreguladora.

La FINRA se creó en 1939 y su objetivo es garantizar que el mercado de valores funcione de forma honesta, abierta y justa. Supervisa todos los requisitos y procesos de concesión de licencias de valores. Administra los exámenes necesarios para obtener una licencia de asesor financiero. También vela por el cumplimiento de elevadas normas éticas entre los agentes del mercado de valores para garantizar la protección de los inversores.

## Resumen del capítulo 1

A continuación se presentan algunos puntos resumidos del capítulo 1.

- La inversión en bolsa es una técnica utilizada por inversores como Warren Buffet para hacer crecer su dinero y acumular riqueza.

- Algunas personas ganan mucho dinero con la bolsa, mientras que otras acaban perdiendo enormes cantidades de dinero. Por este motivo, debe informarse bien antes de empezar a invertir su dinero.

- Una acción es una parte de una empresa. Es una forma de seguridad. Si una empresa es una pizza, una acción es una porción de la pizza.

- Las empresas crean y emiten acciones para obtener capital adicional para su expansión.

- Cuando una empresa decide vender acciones, pasa por un proceso llamado Oferta Pública Inicial (OPI). Este proceso también se llama "salir a bolsa. "

- Un mercado de valores es un lugar donde se negocian las acciones.

- El mercado de valores tiene dos partes: el mercado primario y el mercado secundario.

- El mercado primario es donde se crean las acciones. El mercado secundario es donde los inversores compran acciones previamente negociadas y venden acciones que ya poseen.

- Existen tres tipos de mercados bursátiles: las bolsas, las redes de comunicación electrónica (ECN) y los mercados extrabursátiles (OTC).

- Los mercados bursátiles cuentan con varios actores, entre ellos las empresas, los inversores, los corredores, los inversores en línea, los autores y los asesores financieros.

- Hay dos formas de ganar dinero con su inversión en acciones: los dividendos y la revalorización del capital.

- Un dividendo es un beneficio distribuido entre los accionistas.

- La revalorización del capital es la diferencia positiva entre el precio de compra de una acción y su precio de venta. Es una forma de beneficio para el inversor.

- Las acciones ordinarias representan la propiedad de una empresa. Los accionistas comunes tienen derecho a voto. Esto significa que tienen voz y voto en la configuración de las políticas de la empresa y pueden elegir a los miembros del consejo de administración. Sin embargo, se encuentran en la parte inferior de la jerarquía de pagos. Esto significa que si se liquidan los activos de la empresa, sólo se les paga después de que lo hagan los accionistas preferentes.

- Una acción preferente actúa como un bono. Son más caras que las acciones ordinarias y suelen tener dividendos. Cuando se venden los activos de la empresa, los accionistas preferentes reciben su parte después de pagar a los acreedores y a los tenedores de bonos.

- Los precios de las acciones se ven afectados por muchos factores, como la ley de la oferta y la demanda, las noticias de las empresas, las previsiones, los escándalos, las fusiones y las adquisiciones.

- Un índice es una pequeña muestra de acciones de empresas tan grandes que representan la salud general del sector al que pertenecen.

- Un mercado bajista es una situación en la que los inversores son tan pesimistas que acaban vendiendo sus acciones. Esto hace que los precios de las acciones bajen.

- Un mercado alcista es una condición en la que los inversores son optimistas, por lo que quieren invertir en acciones.

- La SEC es un regulador del mercado de valores que protege a los inversores del fraude y las estafas.

En el próximo capítulo, hablaremos de cómo invertir en acciones.

## Inspiración #2

"Es mucho mejor comprar una empresa maravillosa a un precio justo que una empresa justa a un precio maravilloso".
Warren Buffer

## Capítulo 2

### Cómo empezar: Cómo invertir en acciones

Eden lleva quince años trabajando en una agencia de publicidad. Gana mucho dinero, pero está cansada y quiere jubilarse pronto. Siempre quiso invertir en acciones, pero no sabía cómo hacerlo.

Al igual que Eden, muchos de nosotros queremos invertir en bolsa, pero no sabemos qué hacer o cómo empezar.

Invertir en bolsa no es tan difícil como cree. Aquí tiene unos cuantos pasos que debe seguir para empezar:

### Paso 1: Entender la diferencia entre acciones y fondos de inversión en acciones

Mucha gente piensa que la inversión en bolsa es un animal complicado. Pues bien, en realidad no es así. Sólo hay que entender los dos tipos de inversión:

### Fondos cotizados (ETF) o fondos de inversión en acciones

Los fondos de inversión en acciones le permiten comprar pequeñas partes de diferentes acciones en una sola transacción.

Los ETF y los fondos indexados son fondos de inversión en acciones que permiten seguir un índice y replicarlo. Por ejemplo, el fondo S&P's 500 replica el índice "Standard & Poor's 500".

Así, si decide invertir un poco de su dinero en un fondo "S&P's 500", poseerá una pequeña parte de todas las empresas que lo componen (el tamaño de esa parte depende de su presupuesto de inversión). No puede elegir en qué acciones invertir.

La ventaja de invertir en ETFs es que son más baratos. También es *una buena manera de diversificar sus inversiones en acciones sin gastar una fortuna.* Sin embargo, la desventaja de este tipo de inversión es que no le permite elegir acciones específicas en las que invertir. Esto nos lleva al segundo tipo de inversión.

## Acciones individuales

Tiene que invertir en acciones individuales si busca una empresa concreta. Por ejemplo, si realmente quiere una parte de Facebook, tiene que comprar unas cuantas acciones de FB en el Nasdaq.

También puede crear una cartera diversificada con varios valores individuales, pero para ello necesitaría tener mucho dinero.

## Paso 2: Identifique su estilo de inversión

Puede invertir en el mercado de valores de varias maneras. Puede invertir en cuentas patrocinadas por su empresa, como el plan 401(k); puede comprar directamente acciones; o puede pedir a un asesor financiero que gestione sus inversiones.

Lo mejor es invertir en un plan 401k si tiene un presupuesto y sigues trabajando. Pero, si piensa invertir una gran cantidad de dinero en el mercado de valores, es mejor abrir una cuenta de corretaje o pedir a un gestor de dinero profesional que gestione su inversión.

Si no es un inversor "práctico", lo mejor es invertir en fondos de inversión, fondos indexados o ETF. Pero, si quiere elegir usted mismo las acciones, abrir una cuenta de corretaje es la mejor opción para usted.

## Paso 3: Establecer un presupuesto

Antes de empezar a invertir dinero en acciones, debe establecer un presupuesto. ¿Cuánto dinero está dispuesto a invertir? Recuerde que la cantidad de dinero que necesita depende del coste de las acciones. Algunas acciones cuestan unos pocos dólares, mientras que otras pueden costar miles de dólares.

## Paso 4: Abrir una cuenta de inversión en acciones

Para invertir en acciones es necesario tener una cuenta de inversión. Puede abrir una cuenta 401(k) a través de su empresa o puede abrir una IRA (cuenta individual de jubilación). También puede abrir una cuenta de corretaje si es un inversor más "práctico". En la última parte de este capítulo hablaremos de los distintos tipos de cuentas de inversión en acciones.

Como ya hemos dicho, puede abrir una cuenta de inversión en su empresa. Pero, si decide abrir una cuenta de corretaje, debe tener en cuenta los siguientes factores:

## Cuenta mínima

Muchas empresas de corretaje exigen una inversión inicial mínima de 500 dólares o más. Si piensa invertir inicialmente sólo unos cientos de dólares en la bolsa, debería elegir corredores que no requieran inversiones mínimas, como Merrill Edge, TD Ameritrade y Ally Invest.

## Comisiones

Si decide invertir en acciones individuales, tendrá que pagar la comisión de cada operación (normalmente entre 4 y 7 dólares). Debería elegir un bróker con tasas de comisión de negociación mínimas, especialmente si es principiante.

## Estilo de negociación

Si es nuevo en la inversión bursátil, probablemente no necesite plataformas de negociación avanzadas, pero puede elegir una empresa de corretaje que ofrezca herramientas educativas como tutoriales, vídeos e incluso seminarios.

Los operadores de gran volumen, en cambio, necesitan plataformas de negociación y herramientas de análisis de última generación.

## Tasas de las cuentas

La mayoría de las empresas de corretaje cobran comisiones por la cuenta, tales como tasas anuales, tasas de transferencia, suscripciones a plataformas de negociación, tasas de investigación, pagos por datos de mercado y tasas de inactividad. Lo mejor es elegir una empresa que ofrezca datos de mercado y servicios de investigación gratuitos y que cobre unas comisiones de cuenta mínimas.

## Paso 5: Empezar a invertir

Una vez que haya abierto una cuenta, puede empezar a invertir, utilizando diferentes estrategias, como la inversión en valor, la inversión en crecimiento, la inversión en renta, la inversión socialmente responsable, la diversificación, etc. Más adelante en este libro hablaremos de estas estrategias.

## Plan 401(k)

El plan 401k es un plan de jubilación que las empresas ofrecen a sus empleados como parte del paquete de beneficios. Es una de las cuentas de ahorro para la jubilación más comunes. Se creó en 1978 a través de la sección 401(k) del Código de Rentas Internas. Por eso se llama plan 401(k).

Lo mejor del plan 401k es que le permite ahorrar en el pago de impuestos. También le permite aprovechar la contribución de su empresa a la jubilación a través del programa de "donaciones equivalentes del empleado". Este programa suele ofrecerse como incentivo para evitar el desgaste y animar a los empleados a permanecer en la empresa durante un largo periodo de tiempo.

La cosa funciona así. Supongamos que trabaja en una empresa tecnológica que patrocina planes 401k y gana 150.000 dólares al año antes de impuestos. Acepta poner el 6% de sus ingresos, lo que suma 9.000 dólares. Esta aportación se difiere fiscalmente. Esto significa que no tiene que pagar impuestos por su aportación hasta que se jubile (estará en un tramo impositivo más bajo cuando llegue ese momento). Esto significa que su renta imponible en este momento es de 141.000 dólares (su renta anual menos su aportación anual).

Como parte del programa de donaciones de contrapartida, su empresa se compromete a igualar 0,50 dólares por cada dólar que ponga en su plan 401(k). Así, la empresa pone 4500 dólares más (9000 dólares x 0,50 céntimos). Esto significa que su contribución total es de 13.500 $ al año. Vea el cálculo más abajo.

Contribución de los empleados (9.000 dólares)

+

Contribución del empleador (4.000 $)

_____

Contribución total anual al plan 401(k) (13.500 $)

## ¿Qué pasa con su contribución al plan 401(k)?

El dinero invertido en su cuenta 401(k) suele invertirse en acciones, bonos y fondos de inversión. Cuando se inscribe en este programa, se le proporciona una lista de acciones en las que puede invertir. Revise estas acciones cuidadosamente.

Debe tener en cuenta su edad a la hora de elegir las acciones adecuadas para invertir. Si todavía está en la veintena, está bien asumir un poco de riesgo. Puede invertir en valores tecnológicos volátiles como Netflix, Facebook y Amazon.

Pero si ya tiene más de 30, 40 o 50 años, es mejor optar por empresas más estables como Hormel Foods Corporation, Costco Wholesale, Cigna y American Waterworks.

Cuando decida dejar su trabajo, puede trasladar su plan 401(k) a una IRA (cuenta individual de jubilación). También puede traspasar su plan actual al plan 401(k) de su nueva empresa, pero debe tener en cuenta que no todas las empresas aceptan traspasos de planes de jubilación, así que lo mejor es que lo consulte con su nueva empresa.

Puede retirar el dinero de su plan 401(k) incluso antes de llegar a la edad de jubilación, pero el IRS (Servicio de Impuestos Internos) tendrá que cobrar una multa del 10% por retiro anticipado. Esto puede parecer poco si ha ahorrado 3.000 dólares. Pero, si ya ha ahorrado un millón de dólares, tendrá que pagar una multa mayor.

## Cómo invertir en un plan 401(k)

Como se ha mencionado anteriormente, el plan 401(k) está patrocinado por los empleados. Esto significa que tiene que hacerlo a través de su empleador.

A continuación le explicamos cómo puede invertir en el plan 401(k):

Cuando le contraten, elija formar parte del programa 401(k) de su empresa.
Decida qué parte de sus ingresos quiere destinar a su plan 401(k).
Elija las acciones en las que desea invertir.
Revise su solicitud y preséntela a su empleador.

En este momento, no tiene que hacer nada más. Su empresa le descontará automáticamente la cotización de su salario. Su empresa también gestiona su fondo de inversión, así que no tiene que preocuparse de nada.

## Plan 401(k) frente a plan 403(B)

Al igual que el 401(k), el 403(b) es un plan de jubilación establecido por una empresa. La principal diferencia es que los planes 401(k) son ofrecidos por empresas privadas y con ánimo de lucro, mientras que los planes 403(b) son ofrecidos por empresas sin ánimo de lucro, como el gobierno o las escuelas sin ánimo de lucro.

Si trabaja como diseñador gráfico en una agencia de publicidad, tendrá la opción de invertir en un plan de jubilación 401(k), pero, si trabaja para un organismo público, lo más probable es que su empresa ofrezca un plan de jubilación 403(b).

| 401(k) frente a 403(b) | |
|---|---|
| **401(K)** | **403(B)** |
| Plan de jubilación ofrecido por empresas privadas con ánimo de lucro | Plan de jubilación ofrecido por organizaciones sin ánimo de lucro, como grupos religiosos, organizaciones gubernamentales y escuelas sin ánimo de lucro. |
| Mayores costes administrativos | Reducción de los costes administrativos |
| Tiene un límite máximo de contribución | Tiene un límite máximo de contribución |
| Tiene opciones de inversión limitadas, generalmente seleccionadas por su empleador o por una empresa de gestión financiera | Los titulares de la cuenta pueden invertir en una amplia variedad de rentas y fondos de inversión |
| Cuenta con un programa de contrapartida del empleador | Cuenta con un programa de contrapartida del empleador |

## Ventajas e inconvenientes del plan 401(k)

La mayor ventaja del plan 401(k) es que cuenta con fondos de contrapartida. Por tanto, recibirá mucho más dinero del que aporta. Digamos que se ha comprometido a ahorrar 7.000 dólares al año, y su empresa iguala su aportación y también deposita 7.000 dólares en su cuenta cada año. Esto significa que tendrá un total de ahorro/inversión anual de 14.000 dólares. Increíble, ¿verdad?

El plan 401(k) tampoco tiene complicaciones. No tiene que gestionar su cuenta de inversión. Tiene unos límites de aportación elevados y está protegido por la ley ERISA (Employee Retirement Income Security Act) de 1974.

Pero el inconveniente del plan 401(k) es que tiene opciones de inversión limitadas. Esto significa que solo puede invertir en determinadas acciones y bonos.

## IRA

Joy era muy trabajadora. Aunque no terminó el instituto, encontró un trabajo estable. Trabajó como jefa de almacén durante treinta largos años. El sueldo era bueno, pero acabó gastando todo lo que había ganado. Cuando por fin se jubiló, sólo tenía 10.000 dólares en ahorros, que sólo cubrían unos pocos meses de sus gastos. Su pensión no era suficiente.

Por desgracia, la historia de Joy no es única. Cada vez son más los jubilados que no tienen dinero. Para evitar acabar como Joy, lo mejor es invertir en una cuenta IRA.

Una IRA, o cuenta individual de jubilación, es una inversión con ventajas fiscales y una cuenta de ahorro que permite ahorrar para la jubilación.

Existen diferentes tipos de cuentas IRA: IRA tradicionales, IRA Roth, IRA simples, IRA conyugales, IRA no deducibles, IRA SEP e IRA autodirigidas.

## IRA tradicional

Una IRA tradicional es una cuenta de ahorro e inversión para la jubilación con impuestos diferidos. Es el plan de jubilación más popular. Como la IRA tradicional tiene impuestos diferidos, su contribución no se grava ahora, pero sí cuando retira el dinero de su cuenta. Este tipo de inversión es ideal para las personas que se situarán en un tramo impositivo más bajo cuando se jubilen.

Digamos que es soltero y gana 210.000 dólares al año. Su impuesto es del 35% y su ahorro anual para la jubilación es de 6.500 dólares al año. Esto significa que tiene que pagar un impuesto de 2.275 dólares al año por su inversión. Eso es demasiado, ¿verdad?

Ahora bien, si coloca su dinero en una cuenta IRA tradicional, no tendrá que pagar impuestos por su plan de jubilación. Pagará cuando se jubile y para entonces, su impuesto será del 15%. Esto significa que en lugar de pagar 2.275 dólares de impuestos anuales por su inversión, sólo tendrá que pagar 975 dólares. Esto le ahorrará un 57% más de dinero o unos 1.300 dólares al año!

**Estas son las principales características de las cuentas IRA tradicionales:**

Es una cuenta con impuestos diferidos. Esto significa que sólo tiene que pagar impuestos por su plan de inversión al retirarlo.

Tiene protección contra la quiebra. Esto significa que sus acreedores no pueden ir a por su IRA.

Sus beneficiarios pueden heredar los fondos de su cuenta IRA en caso de fallecimiento.

Puede crear una cuenta IRA incluso si tiene otro plan de jubilación.

Puede convertir su plan 401(k) en una cuenta IRA tradicional cuando decida dejar su empresa.

Puede invertir sus ahorros en acciones, fondos de inversión y otros valores.

La IRA tradicional tiene una penalización por retiro anticipado del 10%, excepto en algunos casos, como:

Fallecimiento (cuando esto ocurre, los beneficiarios pueden retirar los fondos)

Discapacidad

Impuestos atrasados

Conversión de IRA tradicional a otro plan de jubilación, como Roth IRA

Demanda civil de Hacienda

Acceso de los acreedores

Gastos médicos

Pagos de educación superior

**Invertir en una IRA tradicional**

**Paso 1 - Elija una empresa de corretaje.**

Decida cuál es su estilo de inversión. Si es un inversor sin manos, puede invertir a través de un robo-advisor, un asesor financiero online/digital que gestiona sus inversiones con una mínima intervención humana. Los robo-asesores suelen ser eficientes, y son más baratos que las empresas de corretaje habituales.

Si es usted más bien un inversor práctico, debería elegir un corredor que tenga bajas comisiones y gastos de cuenta. Lo más importante es que elija un corredor con buena reputación. No querrá que le estafen y perder todo el dinero que tanto le ha costado ganar.

## Paso 2 - Abrir una cuenta.

Abrir una cuenta IRA tradicional no es tan difícil como cree. Lo único que tiene que hacer es rellenar algunos formularios. Tendrá que facilitar datos personales, como su fecha de nacimiento, número de la seguridad social o SSN, datos de empleo e información de contacto.

## Paso 3 - Comience a depositar dinero en su cuenta.

Puede transferir dinero de su cuenta bancaria a su cuenta IRA tradicional. Necesitará su número de cuenta y el número de ruta del banco si es la primera vez que transfiere fondos. También puede transferir un plan 401(k) de su antigua empresa a su cuenta IRA.

## Paso 4 - Elija sus inversiones.

Cuando decide invertir a través de un robo-advisor, no puede elegir sus inversiones. En cambio, si decide invertir a través de un bróker, tendrá que elegir en qué acciones o ETFs quiere invertir.

## IRA Roth

Al igual que la IRA tradicional, la Roth IRA es un plan de inversión para la jubilación con ventajas fiscales. Lleva el nombre del senador William Roth, de Delaware.

Una IRA Roth se parece mucho a la IRA tradicional en muchos aspectos, pero, la principal diferencia es que está *libre de impuestos (no de impuestos diferidos)*. Tendrá que pagar el impuesto anualmente, pero todos los impuestos pagados le serán devueltos una vez que retire su inversión.

Esto funciona así. Supongamos que decide aportar 5.500 $ al año (durante 20 años) y que tiene un tipo impositivo del 10%. Obtendrá una deducción fiscal de 550 $ al año durante 20 años, lo que suma 11.000 $. Cuando se jubile, recibirá un reembolso de impuestos de 11.000 dólares. Increíble, ¿verdad?

Cualquier persona con ingresos imponibles puede abrir una cuenta IRA Roth. Estas son las principales características de este plan de inversión:

> Puede aportar un máximo de 5.500 dólares al año.
> Está libre de impuestos, pero aun así obtendrá una deducción fiscal cada mes. Los impuestos pagados le serán devueltos cuando se jubile.
> Puede abrir varias cuentas IRA.

Puede retirar sus fondos de la cuenta Roth IRA sin pagar impuestos ni multas cinco años después de abrir la cuenta, pero, sólo está libre de impuestos y multas en ciertos casos como:

Discapacidad

Fallecimiento del titular del IRA

El dinero se utilizó para gastos médicos

El dinero se utilizó para pagar las primas de los seguros

El dinero ahorrado se utilizó para pagar los impuestos atrasados

El fondo se utilizó para la compra de una primera vivienda

El fondo IRA se utilizó para pagar la educación superior

La IRA Roth es más flexible que la IRA tradicional. Además, puede retirarla sin ninguna penalización en caso de que sufra una enfermedad, quede discapacitado o necesite comprar su primera vivienda. Además, es algo que puede transmitir a sus herederos.

Pero hay un inconveniente. Las personas solteras que tienen un ingreso bruto ajustado modificado (MAGI) de más de $137,000 al año o la pareja casada (que presenta una declaración conjunta) con un MAGI anual de más de $203,000 no pueden abrir una cuenta Roth IRA (a partir de enero de 2019).

## Cómo empezar con una cuenta IRA Roth

### Paso 1 - Averigüe si puede abrir una cuenta IRA Roth.

Como se ha mencionado anteriormente, no todo el mundo está cualificado para abrir una IRA Roth. Si es soltero, cabeza de familia, y gana más de 135.000 dólares, no se le permite abrir una IRA Roth. Por lo tanto, es mejor abrir una cuenta 401(k) o un plan IRA tradicional.

### Paso 2 - Elegir la empresa de corretaje adecuada.

Compruebe siempre las comisiones de las cuentas y elija la que tenga una gran reputación y unas comisiones mínimas. También es mejor elegir una empresa de corretaje con un gran servicio de atención al cliente.

### Paso 3 - Abra su cuenta.

Cuando abra su cuenta Roth IRA deberá rellenar algunos documentos. Necesitará su número de la seguridad social, su carné de conducir, el número de ruta de su banco, el nombre y la dirección de su empresa y los datos de sus beneficiarios.

## Paso 4 - Establecer un sistema de contribución mensual.

El siguiente paso es depositar el dinero en su Roth IRA. Puede establecer un calendario de aportaciones mensuales si su banco lo permite. De este modo, no tendrá que preocuparse de depositar dinero en su cuenta de inversión cada mes.

Tenga en cuenta que a partir de 2019 no podrá aportar más de 6000 dólares al año si tiene unos ingresos anuales de 189.000 dólares o menos.

## Paso 5 - Diseñe su propia cartera

Elija las acciones o los fondos cotizados en los que desea invertir. Puede hacerlo por su cuenta o consultar a un asesor financiero profesional que le ayude a tomar decisiones de inversión acertadas.

| IRA tradicional vs ROTH IRA | |
|---|---|
| IRA tradicional | ROTH IRA |
| Impuestos diferidos<br>Esto significa que no se grava ahora. Sin embargo, se gravará más adelante cuando decida retirar sus fondos | Libre de impuestos<br>Ahora tributa, pero le devolverán todos los impuestos que haya pagado cuando decida retirar los fondos |
| Este plan de inversión es para las personas que se encuentran en un tramo impositivo alto ahora, pero que muy probablemente estarán en un tramo de ingresos más bajo durante la jubilación | Este plan de inversión es el mejor para aquellos que pueden situarse en un tramo de ingresos más alto durante la jubilación |
| Debe tener menos de 70,5 años para cotizar | Puede contribuir a cualquier edad |
| Los menores y los cónyuges que no trabajan pueden cotizar | Los cónyuges que no trabajan y los menores también pueden cotizar |
| Plazo de contribución anual: 15 de abril | Plazo de contribución anual: 15 de abril |

## Cuenta IRA simple

SIMPLE IRA es el acrónimo de Savings Incentive Match Plan for Employees Individual Retirement Account. Es una cuenta de inversión con impuestos diferidos que permite ahorrar para la jubilación.

Este plan de ahorro e inversión para la jubilación patrocinado por los empleados suele ser ofrecido por las pequeñas empresas con 100 empleados o menos. La mayoría de las pequeñas empresas prefieren la SIMPLE IRA al plan 401(k) porque es menos complicado y mucho más barato.

Como se ha mencionado anteriormente, la IRA SIMPLE es un programa de inversión de contrapartida igual que el plan 401(k), pero el porcentaje de contrapartida y ahorro es significativamente menor que el del plan 401(k). Los empleados sólo pueden ahorrar hasta el 3% de su salario, y los empresarios pueden aportar el 2% del salario del empleado.

Digamos que usted gana 100.000 dólares al año. Sólo puede depositar hasta 3.000 dólares al año y su empleador tiene que depositar 2.000 dólares en su cuenta SIMPLE IRA.

La IRA SIMPLE tiene un límite de aportación de 13.000 dólares a partir de 2019. Si tiene más de 50 años, puede añadir una aportación de recuperación de 3.000 dólares.

Invertir en una IRA SIMPLE es bastante fácil. Solo tiene que comprobar si su empresa la ofrece y luego inscribirte.

## IRA SEP

Una SEP IRA, o Simplified Employee Pension Individual Retirement Arrangement, es una cuenta de jubilación utilizada en Estados Unidos. Este plan de jubilación está destinado a los propietarios de pequeñas empresas y a los trabajadores autónomos. Este plan de jubilación es principalmente para empresarios con uno o dos empleados. Pero también es para autónomos y vendedores online.

Una de las mejores cosas de la SEP IRA es que tiene un límite de contribución más alto. A partir de 2019, puede ahorrar hasta el veinte por ciento de sus ingresos o un total de 56.000 dólares, lo que sea mayor.

## IRA conyugal

Una IRA conyugal es básicamente una IRA tradicional, o ROTH, pero, esta cuenta de inversión permite al cónyuge trabajador depositar dinero en la cuenta de su cónyuge trabajador.

Para ilustrar este punto, veamos la historia de Leslie y Josh. Ambos son enfermeros y se conocieron en el trabajo. Se enamoraron y acabaron casándose. Pero, al cabo de un año, Leslie fue despedida. Para asegurarse de que su mujer tuviera suficiente dinero para la jubilación, Josh decidió aportar dinero a la cuenta IRA de Leslie.

Este tipo de IRA es perfecto para los cónyuges/padres que se quedan en casa, pero debe tener en cuenta que la IRA conyugal no es una cuenta conjunta. Por tanto, aunque Josh deposite dinero en la IRA de su mujer, la cuenta no es suya. Esto significa que sólo Leslie podría retirarlo.

## Ventajas y desventajas de las cuentas individuales

Una de las mejores cosas de las cuentas individuales es que tienen ventajas fiscales. Además, es fácil de empezar y poco costosa. Puede crear una cuenta IRA por su cuenta sin ayuda de un planificador financiero.

Pero, la mayor desventaja de la IRA es que tiene un límite de aportación y un bajo porcentaje de contribución. Esto significa que sólo se puede ahorrar una cantidad determinada a través de la IRA. También tiene tasas de retirada anticipada.

## Cuenta de intermediación fiscal

Si se toma en serio el crecimiento de su patrimonio, debe tener una cuenta de corretaje sujeta a impuestos además de su IRA con ventajas fiscales y su plan 401(k).

Una cuenta de corretaje imponible (o simplemente, cuenta de corretaje) es una cuenta de inversión que tiene que abrir a través de una empresa de corretaje. En esta cuenta se puede depositar dinero en efectivo mediante cheques o transferencias electrónicas de fondos.

Si tiene una cuenta de corretaje, su corredor ejecutará las órdenes comerciales (para comprar o vender acciones) en su nombre. Las empresas de corretaje suelen exigir un saldo mínimo en la cuenta de entre 500 y 2.000 dólares. El dinero depositado en su cuenta de corretaje se denomina fondo del mercado monetario. Esta cantidad permanece en su cuenta hasta que usted decida utilizarla para comprar acciones, bonos y otros valores.

Una cuenta de corretaje fiscal puede contener diferentes tipos de productos de inversión, como acciones ordinarias, acciones preferentes, bonos, fondos de inversión inmobiliaria (o REIT), fondos cotizados (o ETF), fondos de inversión o certificados de depósito. Más adelante hablaremos de ello con detalle.

## Existen tres tipos de cuentas de corretaje sujetas a impuestos:

## A. Cuenta de tesorería

Esta es la cuenta de corretaje más básica. Cuando tiene una cuenta de efectivo, debe pagar todas sus operaciones de inversión en su totalidad en la fecha de liquidación. Es perfecta para los principiantes.

## B. Cuenta de margen

Una cuenta de corretaje con margen le permite pedir dinero prestado al corredor. La empresa de corretaje le presta un capital que puede utilizar para comprar acciones y bonos. Esta cuenta le permite invertir más dinero en el mercado de valores.

Esta cuenta de corretaje es más arriesgada, y es mejor para los inversores más experimentados. Las cuentas de margen también tienen muchos requisitos.

## C. Cuenta de opciones

Es una cuenta de margen que se utiliza para comprar y vender opciones o contratos de compra. Esta cuenta puede utilizarse para negociar opciones en el Chicago Board Options Exchange. Invertir a través de una cuenta de corretaje imponible tiene muchas ventajas, entre ellas:

Puede invertir independientemente de sus ingresos.

Puede depositar (o contribuir) todo lo que quiera.

Dispone de una amplia gama de opciones de inversión. Esto significa que puede elegir personalmente las acciones y los ETF en los que desea invertir.

Puede retirar su dinero en cualquier momento sin estar sujeto a penalizaciones por retiro anticipado. No tiene que esperar hasta los sesenta años.

**Para abrir una cuenta de corretaje, sólo tiene que seguir estos pasos:**

### Paso 1 - Elija la empresa de corretaje con la que desea hacer negocios.

Antes de abrir una cuenta en una empresa de corretaje, debe realizar una amplia investigación. Tiene que comparar los incentivos y los costes. Compruebe cuánto cobran las empresas de corretaje por cada transacción. Elija un corredor que cobre unas comisiones mínimas. Esto le ahorrará mucho dinero a largo plazo.

También es importante examinar los servicios de la empresa de corretaje. ¿Le facilita la empresa el acceso a los datos de investigación? ¿Apoya la empresa la formación en el extranjero? ¿Dispone de una plataforma de negociación avanzada a la que se pueda acceder a través de una aplicación móvil?

### Paso 2 - Presentar la documentación.

Después de elegir la empresa de corretaje, es el momento de rellenar la solicitud de la nueva cuenta. Necesitará su carné de conducir y su número de la seguridad social. También tiene que especificar otros datos, como su situación laboral, su patrimonio neto, sus objetivos de inversión, etc.

## Paso 3 - Ingresar fondos en su cuenta.

Puede depositar dinero en su cuenta de corretaje imponible mediante una transferencia electrónica de fondos (o EFT), un cheque o una transferencia bancaria. También puede transferir su plan 401(k) a su cuenta de corretaje.

## Paso 4 - Elija las acciones y otros valores en los que desea invertir.

Una vez que haya configurado su cuenta de corretaje, es el momento de elegir las acciones en las que desea invertir y construir su cartera.

## Ventajas y desventajas de invertir en una cuenta de intermediación fiscal

Una de las mejores cosas de invertir en una cuenta de corretaje sujeta a impuestos es el hecho de que no hay límite en la cantidad de dinero que puede poner en ella. Además, no tiene comisiones por retirada anticipada. El inconveniente es que no tiene ventajas fiscales. Esto significa que no hay descuentos fiscales ni otros privilegios.

Lo mejor es utilizar una cuenta de corretaje sujeta a impuestos cuando haya agotado su cuenta IRA o su plan 401(k). También es perfecta para los que quieren jubilarse pronto.

## Plan de compra directa de acciones

Un plan de compra directa de acciones es un programa de inversión que le permite comprar acciones directamente de una empresa sin necesidad de un corredor. Esto significa que no tiene que tratar con intermediarios. Supongamos que quiere comprar acciones de la empresa N. En lugar de abrir una cuenta de corretaje, sólo tiene que comprar las acciones directamente a la empresa emisora.

Este plan suele ser poco costoso y es perfecto para quienes invierten por primera vez. Solo necesitará entre 100 y 500 dólares para empezar.

Sin embargo, una de las peores cosas del plan de compra directa de acciones es que no es líquido. Esto significa que no puede vender sus acciones sin utilizar un corredor de bolsa, por lo que este plan de inversión funciona mejor para los inversores a largo plazo.

**A continuación se explica cómo puede invertir a través de un plan de compra directa:**

**Paso 1** - Decida en qué acciones quiere invertir.

**Paso 2** - Consulte el sitio web de la empresa y vaya a la página de preguntas frecuentes para ver si la empresa vende sus acciones directamente. En caso afirmativo, suele haber un enlace al facilitador de transferencias de acciones de la empresa.

**Paso 3** - Haga clic en el enlace. Este enlace suele contener los precios y la cantidad mínima de dinero necesaria para abrir un plan de compra directa de acciones.

**Paso 4** - Cree una cuenta siguiendo las instrucciones del sitio web de la empresa. Necesitará su SSN, carnet de conducir, nombre y datos bancarios.

**Paso 5** - Especifique cuántas acciones quiere comprar y transfiera el dinero a su plan de compra directa.

## Plan de reinversión de dividendos

Un plan de reinversión de dividendos o DRIP es un programa de inversión que le permite cosechar los beneficios de la capitalización. Invertir en un DRIP le permite reinvertir los dividendos obtenidos de sus inversiones, lo que se traduce en más rendimientos y beneficios de la inversión. Al invertir en un DRIP, su inversión crecerá exponencialmente.

Supongamos que inviertes en unas cuantas acciones de McDonald's. McDonald's suele pagar dividendos trimestrales a sus inversores. Ahora bien, si usted se inscribe en el DRIP, sus ganancias de dividendos trimestrales se utilizan automáticamente para comprar más acciones de McDonald's.

Una de las mejores cosas del DRIP es que incrementa su inversión exponencialmente, por lo que no se queda de brazos cruzados. Además, las comisiones son mínimas, si es que hay alguna. No tiene que preocuparse por esas fuertes comisiones de transacción que se van acumulando.

## Resumen del capítulo 2

A continuación se presentan algunos puntos resumidos del capítulo 2.

Para iniciarse en la inversión bursátil, hay que seguir estos pasos:

**Paso 1** - Entender la diferencia entre acciones y fondos de inversión en acciones.
**Paso 2** - Determine cuál es su estilo de inversión.
**Paso 3** - Establezca su presupuesto de inversión.
**Paso 4** - Elija una empresa de corretaje y abra una cuenta de inversión.
**Paso 5** - Deposite dinero en su cuenta y comience a invertir.

Hay muchos tipos de cuentas de inversión en las que puede invertir, como un plan 401(k), una cuenta IRA o de jubilación individual, una cuenta de corretaje fiscal, un plan de compra directa y un plan de reinversión de dividendos.

El plan 401(k) es una cuenta de inversión patrocinada por la empresa. Tiene ventajas fiscales. Dispone de un programa de compensación que permite a las empresas igualar las aportaciones de sus empleados. Este plan de inversión es barato y no tiene complicaciones. Sólo tiene que inscribirse a través de su empresa.

La cuenta individual de jubilación (o IRA, por sus siglas en inglés) es una cuenta de ahorro e inversión que tiene ventajas fiscales. Existen diferentes tipos de IRA, como la IRA tradicional, la IRA SIMPLE, la IRA Roth, la IRA conyugal, la IRA autodirigida, la IRA SEP y la IRA no deducible.

La IRA tradicional es una cuenta de inversión para la jubilación con impuestos diferidos. Se puede abrir a través de una empresa de corretaje. Puede utilizar su fondo IRA tradicional para invertir en fondos de inversión, acciones y otros valores.

La cuenta IRA Roth es una cuenta con ventajas fiscales. Es más flexible que la IRA tradicional y ofrece más opciones de inversión. Tiene que pagar impuestos por adelantado por sus aportaciones, pero recibirá un reembolso de impuestos cuando se jubile.

La SIMPLE IRA es una cuenta de inversión. También es el acrónimo de Savings Incentive Match Plan for Employees Individual Retirement. Funciona de forma muy parecida al plan 401(k) en el sentido de que también tiene un programa de igualación. Pero es más barato. La mayoría de las pequeñas empresas ofrecen este tipo de plan de jubilación.

Debería invertir en un plan 401(k) si va a estar en un tramo impositivo más bajo cuando se jubile.

La SEP-IRA (o pensión simplificada para empleados) es un plan de inversión para propietarios de pequeñas empresas, autónomos y trabajadores por cuenta propia.

La IRA conyugal es una IRA tradicional o Roth normal. La diferencia es que permite al cónyuge que trabaja contribuir a la cuenta de su cónyuge que no trabaja.

El plan de compra directa de acciones le permite adquirirlas directamente de las empresas emisoras. Esto le permite ahorrar mucho dinero porque no tiene que pasar por un corredor de bolsa.

El plan de reinversión de dividendos, o DRIP, le permite reinvertir sus ganancias de dividendos. Por lo tanto, si quiere que sus ganancias sigan creciendo, debería elegir este plan.

El plan de corretaje sujeto a impuestos es el mejor para los inversores serios y las personas con altos ingresos. Pero, si tiene un presupuesto limitado, es mejor optar por los planes de ahorro e inversión para la jubilación patrocinados por el empleador.

En el próximo capítulo, analizaremos las estrategias básicas de inversión en acciones y cómo puede utilizarlas para hacer crecer su patrimonio.

## Inspiración #3

"Hay dos tipos de personas que te dirán que no puedes marcar la diferencia en este mundo: los que tienen miedo de intentarlo y los que tienen miedo de que lo consigas. "

Ray Goforth

## Por favor, revise este libro

Si la lectura de este libro le ha servido de algo, tenga la amabilidad de publicar una reseña para hacérnoslo saber. Sólo le llevará un minuto de su tiempo. Muchas gracias.

## Capítulo 3

### Estrategias de inversión en acciones

La inversión en bolsa es una de las formas más poderosas y efectivas de hacer crecer su dinero, pero para lograr una gran riqueza, tiene que invertir su dinero sabiamente. Debe tener una estrategia de inversión sólida e infalible. Warren Buffet ha ganado mucho dinero en la bolsa porque es un inversor inteligente. Ha dominado el arte de hacer crecer su dinero exponencialmente con el tiempo. A continuación se presentan las principales estrategias de inversión que puede utilizar para hacer crecer su dinero.

### Inversión en valor

La mejor manera de ganar dinero en la bolsa es "comprar barato y vender caro". Este principio es la base de una estrategia de inversión denominada "value investing".

El principio de la "inversión en valor" es bastante sencillo. Lo único que hay que hacer es encontrar empresas infravaloradas en el mercado de valores.

Para ilustrar este punto, supongamos que la empresa V decide salir a bolsa. El mercado de valores estima su valor en 100 millones de dólares. Pero, tras estudiar sus beneficios y productos, usted está convencido de que tiene un valor intrínseco (valor percibido por el inversor basado en los beneficios futuros previstos) de 1.000 millones de dólares. Así que decide invertir en acciones de la empresa V.

Los inversores en valor creen que la mejor manera de obtener beneficios es *invirtiendo a* largo plazo (en empresas de alta calidad), y no con *operaciones diarias*. Se toman tiempo para investigar y determinar el valor de los activos de la empresa.

Los inversores en valor no se centran en los factores externos que pueden afectar al valor de la empresa, como las fluctuaciones diarias de los precios y la volatilidad del mercado. Creen que centrarse en empresas de alto valor es el camino para construir una gran riqueza.

### Estos son los principios clave de la inversión en valor:

Los inversores en valor no se preocupan por la especulación del mercado. No buscan lo mejor de lo mejor. En su lugar, buscan valores infravalorados para poder obtener grandes beneficios en el futuro.

Las acciones están mal valoradas todo el tiempo. Por ejemplo, cuando algunos inversores tienen miedo, venden ciegamente todo lo que poseen. Esto crea oportunidades de las que se pueden beneficiar los inversores en valor. Los inversores en valor se fijan en el valor intrínseco de la empresa (el valor de los activos totales) por encima de su valor de mercado (precio de las acciones).

La clave de la inversión en valor es la investigación. Debe conocer el valor de los activos de la empresa. También debe determinar el rendimiento de la empresa en comparación con sus competidores y encontrar la razón por la que las acciones se venden a un precio descontado.

Busque una empresa con una relaciónP/E baja, ya que es *probable* que esté infravalorada. El ratio P/E se calcula como:

Ratio P/E = Valor de mercado por acción/Beneficio por acción

Nota: (/) representa el signo de división.

Lo mejor es invertir en acciones con una relación P/E inferior al 40%. El precio de la acción no debe ser superior a dos tercios (66,67%) de su valor intrínseco.

Supongamos que la empresa K tiene un valor intrínseco de 1 millón de dólares y cuenta con 10.000 acciones. Esto significa que su valor intrínseco por acción es de 100 dólares, pero el precio actual de sus acciones está valorado en 50 dólares. ¿Debería invertir en la empresa K? Sí, porque su precio es sólo el 50% de su valor intrínseco.

La empresa en la que invierta debe tener una tasa de crecimiento anual de los beneficios del 7%. Fíjese en los beneficios de la empresa y asegúrese de que sus ganancias crecen año tras año.

Es difícil determinar realmente el valor intrínseco de una empresa. Por eso hay que darse un margen de seguridad.

El margen de seguridad se calcula como:

Margen de seguridad = 1 - (Precio actual de la acción/precio intrínseco de la acción)

Supongamos que el precio actual de las acciones de la empresa H es de 40 dólares, pero usted cree que su precio intrínseco es de 50 dólares. Su margen de seguridad es del 20%.

El proceso para determinar el valor de las acciones de una empresa se basa en un análisis detallado y muy preciso de los beneficios y los activos de la empresa. Sin embargo, este proceso está revestido de predicciones y un poco de especulación. Por lo tanto, puede dar lugar a un valor intrínseco inexacto. Esta es la razón por la que los inversores en valor invierten en empresas con un alto margen de seguridad. Esto minimiza el riesgo.

Debería invertir en una empresa con un ratio deuda/capital bajo. El coeficiente de endeudamiento es una medida de la salud financiera de la empresa. Se calcula dividiendo la deuda total de la empresa entre sus fondos propios.

Relación entre la deuda y los fondos propios = Pasivo total/Fondos propios totales

Si una empresa tiene una relación deuda-capital de 0,50 dólares, significa que tiene una deuda de 0,50 dólares por cada dólar de capital. Las empresas con una baja relación entre deuda y fondos propios gozan de buena salud financiera porque sus *beneficios y ganancias son significativamente mayores que sus pasivos.*

Elija una empresa con un gran potencial de crecimiento, que aún no haya explotado ciertos mercados.

Sea paciente. Comprenda que el tiempo es su amigo cuando se trata de invertir en valor. Por eso hay que tener paciencia. Tendrá que esperar meses (si no años) para obtener grandes beneficios.

Para convertirse en un inversor de valor con éxito, hay que centrarse en la empresa, no en sus acciones. Esto significa que debe ignorar las tendencias de las acciones y las noticias.

Debe dejar de analizar la salud general del mercado de valores. Se centra en la salud financiera y la rentabilidad de la empresa en la que quiere invertir.

Debe invertir en empresas en las que crea, ame y comprenda. Y sobre todo, elegir empresas que estén infravaloradas. De este modo, obtendrá grandes beneficios de revalorización del capital en el futuro.

## Ventajas y desventajas

La mayor ventaja de esta estrategia de inversión es que crea un escenario de bajo riesgo y alta recompensa. Además, da menos trabajo en el sentido de que no hay que preocuparse por la fluctuación diaria del precio de las acciones.

La inversión en valor es una estrategia de inversión a largo plazo, por lo que puede pagar un tipo impositivo bajo sobre las ganancias de su inversión. También se ahorra las comisiones de las transacciones.

El inconveniente de la inversión en valor es que a veces resulta difícil identificar las empresas infravaloradas. Hay que hacer una investigación exhaustiva. También es difícil llegar a una valoración precisa de la empresa.

## Inversión en crecimiento

La inversión de crecimiento es una estrategia de inversión que se centra en la revalorización del capital (o las ganancias de capital). Los inversores en crecimiento suelen invertir en empresas emergentes que tienen el potencial de crecer exponencialmente en el futuro.

## Estos son los principales consejos de "inversión en crecimiento":

**Consejo 1** - Invertir en empresas innovadoras y de rápido crecimiento.

Hay que buscar empresas con tecnología revolucionaria e innovadora. Y debe invertir durante sus primeras etapas.

En 2012, una acción de Facebook estaba valorada en 26,62. En ese momento, Facebook ya era grande, pero sigue creciendo. Para, enero de 2019, está valorada en 165,71 dólares. Así que, si compró 100 acciones de FB por 2.662 dólares, ya tiene 16.571 dólares en 2019. No está mal, ¿verdad?

**Consejo 2** - Corte sus pérdidas tan rápido como pueda.

Vas a cometer errores de inversión. No deje que sus pérdidas superen el 20%. Si el precio de la acción baja constantemente día tras día, deshágase de ella para no acabar perdiendo más y más dinero.

**Consejo 3** - Vender una acción ganadora cuando su precio empiece a bajar.

Cuando una acción alcanza su pico, perderá su impulso y su precio comenzará a bajar. Cuando esto ocurra, venda sus acciones de inmediato. Esto maximizará su beneficio.

Para ilustrar este punto, supongamos que usted compró 100 acciones de la empresa Y a 10 dólares cada una. Al cabo de un año, el precio de las acciones alcanzó su máximo, 80 dólares. En ese momento, ya tiene un beneficio de inversión de 7.000 dólares. Eso no está nada mal. Por lo tanto, si el precio empieza a bajar, venda sus acciones justo antes de que bajen un 20% (es decir, 64 dólares), su límite. De este modo, podrá obtener un beneficio óptimo. Si espera unos meses, su beneficio podría bajar más.

**Consejo 4 -** Las inversiones a largo plazo generan más dinero.

Los inversores en crecimiento pueden ganar dinero en pocos meses invirtiendo en empresas de rápido crecimiento, pero hay que tener paciencia si se quiere maximizar las ganancias de la inversión.

**Consejo 5** - Diversifique su cartera.

No pongas todos los huevos en la misma cesta. Tiene que repartir su riqueza e invertir en diferentes empresas de varios sectores. Puede comprar unas cuantas acciones tecnológicas, unas cuantas acciones sanitarias y puede invertir en propiedades inmobiliarias. La diversificación ayuda a minimizar su exposición a cualquier industria/sector/vehículo de inversión.

**Consejo 6** - Compre más acciones de sus valores más rentables.

Con el tiempo, construirá una gran cartera. Para maximizar sus beneficios, venda sus acciones de bajo rendimiento y compre más acciones de las empresas con mejor rendimiento en su cartera.

**Consejo 7** - Invierta en empresas con un buen margen de beneficios.

El margen de beneficio se calcula como:

PM = (Ingresos - Gastos)/Ingresos

Debería invertir en empresas con un alto margen de beneficios porque probablemente estas empresas tienen una marca fuerte, son capaces de cobrar precios altos por sus productos y mantienen sus costes bajos. Debe evitar las empresas con un margen de beneficios bajo porque estas empresas no están ganando mucho. Sólo se las arreglan.

Los inversores en valor invierten en empresas estables y consolidadas, mientras que los inversores en crecimiento apuestan por empresas con gran potencial de crecimiento. Estas empresas suelen estar en sus primeras etapas, muy parecidas a las de Facebook en 2012.

Para tener éxito como inversor en crecimiento, debe encontrar activamente unicornios, es decir, empresas que producen productos y tecnologías innovadores y revolucionarios.

## Ventajas y desventajas

Una de las mayores ventajas de la estrategia de inversión de crecimiento es que es más probable que duplique su dinero más rápidamente.

Tomemos como ejemplo a Facebook. En diciembre de 2012, una acción de FB estaba valorada en 26,62 dólares. Un año más tarde, su precio había subido a 54 dólares. Por lo tanto, si invirtió en una acción de FB durante su oferta pública inicial, ¡ha duplicado su inversión en solo un año! Increíble, ¿verdad?

Pero invertir en empresas neófitas en crecimiento es arriesgado. Además, las estimaciones de proyección de crecimiento son a veces inexactas y se basan en la especulación.

Veamos el ejemplo de Theranos. En 2003, Elizabeth Holmes, de diecinueve años, abandonó la Universidad de Stanford para crear una empresa de análisis de sangre llamada Theranos. La empresa afirmaba haber desarrollado una tecnología que podía mejorar la eficacia, la comodidad y la asequibilidad de los análisis de sangre y los diagnósticos.

Fue un gran avance y Elizabeth Holmes se convirtió en una célebre empresaria de Silicon Valley. Se convirtió en la mujer más joven en hacerse multimillonaria por sí misma. Theranos se asoció con Walgreens y Safeway y creó clínicas en las tiendas. Miles de estadounidenses se hicieron análisis de sangre con la innovadora tecnología de Theranos.

Theranos era un verdadero *unicornio*. Estaba sobrevalorada, pero muchos inversores en crecimiento creían que era el futuro de los análisis de sangre y los diagnósticos, y por eso invirtieron en Theranos.

Theranos era una empresa privada, pero inicialmente había recaudado 6 millones de dólares de los inversores. En total recaudó más de 600 millones de dólares de los inversores. En 2014, la empresa se valoró en 9.000 millones de dólares, lo que convirtió a Elizabeth Holmes en una de las personas más ricas del mundo.

Pero había algo raro en Theranos. En primer lugar, Elizabeth Holmes no era doctora ni profesional de la medicina. En segundo lugar, la tecnología que utilizaban era imprecisa. Un denunciante afirmó que las capacidades de la tecnología supuestamente innovadora de la empresa eran extremadamente exageradas.

En 2018, la SEC acusó a Elizabeth Holmes de fraude y los inversores de la empresa perdieron más de 600 millones de dólares.

La inversión en crecimiento es una gran estrategia, pero hay que tener cuidado a la hora de elegir las empresas en las que invertir, ya que muchos empresarios de nuevas empresas exageran las capacidades de sus tecnologías para atraer a los inversores.

## Inversión en dividendos

Lydia es una chino-americana que vive en Nueva Jersey. Su marido, Peter, era dueño de una gran tienda de ferretería y mejoras para el hogar en la ciudad.

Lydia vivía el sueño americano, en una casa de cuatro habitaciones en un buen barrio. Conducía un buen coche y podía comprar todas las cosas que no podía permitirse cuando estaba en China.

En lugar de derrochar en bolsos de diseño, decidió invertir 500.000 dólares en empresas estables que pagaban dividendos anuales. Al cabo de seis meses, Peter murió en un accidente. Su negocio empezó a desmoronarse tras su muerte. Lydia se vio obligada a cerrarlo.

Es bueno que Lydia haya invertido en empresas que pagan dividendos cada año. Tiene unos 70.000 dólares de ganancias por dividendos al año, lo suficiente para cubrir los pagos de su hipoteca y sus necesidades diarias.

La inversión en dividendos es una estrategia de inversión que consiste en comprar acciones de empresas que pagan dividendos. Esta estrategia es la mejor para las personas que solo quieren sentarse y vivir de sus ingresos pasivos.

**Estos son los principios fundamentales de la inversión en dividendos:**

**Invierta en empresas de calidad.**

No invierta en acciones baratas de baja calidad, sino en acciones de alta calidad. Para sacar el máximo partido a su dinero, tiene que invertir en empresas que estén en plena forma financiera.

Hay que invertir en una empresa con una baja relación deuda/capital. No querrá apostar por una empresa que no tenga un historial probado de pago constante de dividendos. Querrás invertir en una empresa que aumente sus pagos de dividendos año tras año.

**Invierta en empresas estables.**

Recuerde que la lentitud y la constancia ganan la carrera. No invierta en superestrellas emergentes. En su lugar, *invierta en empresas que ya han superado recesiones y diversos reveses económicos*. ¿Por qué? Para poder dormir por la noche. Invertir en empresas estables disminuye el riesgo y le da tranquilidad.

**Elija una empresa con una rentabilidad por dividendo creciente.**

Como se ha mencionado anteriormente, la rentabilidad de los dividendos se calcula como:

DY = Dividendo anual/precio de las acciones

Así, si las acciones de la empresa Z cuestan 100 dólares y su dividendo anual es de 10 dólares, su rentabilidad por dividendo es del 10%. Para sacar el máximo partido a su dinero, lo mejor es invertir en una empresa con una alta rentabilidad por dividendo.

Además, es mejor elegir una empresa que tenga una rentabilidad por dividendo de al menos el 3%. Esto le ayuda a mantenerse al día con la inflación.

### Más vale prevenir que curar.

Tiene que elegir una acción que tenga un alto margen de seguridad, ya que esto minimiza el riesgo de perder dinero cuando se desvía ligeramente de su valoración. Compre acciones a un precio inferior a su valor. Evite comprar acciones sobrevaloradas para reducir el riesgo.

### Los dividendos no lo son todo.

Como regla general, debería invertir en empresas que pagan una buena cantidad de dividendos anuales, pero no debería basar sus decisiones de inversión únicamente en los dividendos. Recuerde que un gran pago de dividendos no siempre es una indicación de que la empresa es una buena inversión. ¿Por qué? Bueno, las empresas que pagan una gran cantidad de dividendos no están reinvirtiendo sus ingresos. Esto significa que hay pocas oportunidades de crecimiento. Además, la empresa podría estar pagando una cantidad insostenible de dividendos para encubrir los malos resultados financieros (porque los inversores codiciosos y desprevenidos no se preocupan de investigar)

Aparte del pago de dividendos, también debe considerar el potencial de crecimiento y la salud financiera de la empresa. Debe invertir en empresas con ingresos crecientes y una baja relación deuda/capital.

Debe recordar que, al fin y al cabo, las acciones con dividendos son como las demás. Son volátiles y están sujetas a los altibajos del mercado de valores.

## Ventajas y desventajas

La mayor ventaja de la inversión en dividendos es que puede proporcionar un flujo de ingresos constante y fiable. Lo más probable es que reciba un cheque una o dos veces al año. Ver una gran cantidad de dinero depositada en su cuenta bancaria cada trimestre es emocionante y estimulante.

Pero tenga en cuenta que las empresas pueden recortar los pagos de dividendos en cualquier momento si experimentan un retroceso o una disminución de los ingresos. Los pagos de dividendos no están garantizados, por lo que no debe confiar únicamente en ellos. Los pagos de dividendos están sujetos a impuestos, por lo que los impuestos pueden mermar su rentabilidad.

Además, los precios de las acciones de dividendos, como Coca-Cola, Colgate-Palmolive, Johnson & Johnson y AT&T son bastante estables. Esto significa que no hay muchas oportunidades de crecimiento o revalorización del capital.

Claro, es estupendo recibir un pago trimestral de dividendos del 3%. Pero, cuando inviertes en acciones con dividendos, puede estar renunciando a la oportunidad de obtener mayores rendimientos por la revalorización del capital.

Veamos la historia de Lauren y Kelly para ilustrar este punto. En 1997, Kelly compró 100 acciones de Coca-Cola a 28,94 dólares cada una. Invirtió un total de 2.894 dólares. Estaba segura de su inversión, ya que Coca-Cola era una de las empresas más estables del mundo y además pagaba dividendos.

La amiga de Kelly, Lauren, decidió invertir en una librería online relativamente nueva llamada Amazon. Invirtió en 1.000 acciones de Amazon a 2,34 dólares cada una. Su inversión total fue de 2.340 dólares.

En 2019, tanto Kelly como Lauren decidieron vender sus acciones. Kelly ganó dividendos en el camino y vendió sus acciones a 48,38 dólares. Tuvo una ganancia total de revalorización del capital de solo 1944 dólares en 22 años.

Lauren, por su parte, vendió sus 1.000 acciones de Amazon a 1.638,88 dólares cada una. Ella tiene una ganancia total de revalorización del capital de 1.635.660 dólares. Increíble, ¿verdad?

Esta historia nos recuerda que el pago de dividendos es bueno. Pero, cuando se invierte en empresas que pagan dividendos, se pueden perder oportunidades de obtener enormes beneficios de revalorización del capital.

Para un tratamiento más detallado de la inversión en dividendos, consulte el libro - Dividend InvestingForBeginners: Aprenda los fundamentos de la inversión en dividendos y las estrategias en 5 días y apréndalo bien

## Comercio de día

El day trading es una estrategia de inversión que consiste en comprar y vender acciones y otros valores en el mismo día. Hubo un tiempo en el que los únicos que podían hacer esto eran los que trabajaban en empresas de corretaje y grandes instituciones financieras. Pero, con la llegada de Internet, prácticamente cualquier persona con acceso a Internet puede participar en el day trading.

Como ya hemos comentado en este libro, el precio de una acción viene determinado por la ley de la oferta y la demanda. Cada vez que se negocian las acciones, su precio cambia.

Una acción tiene un precio diario de apertura y de cierre. El precio de apertura es el precio al que se negocia por primera vez una acción cuando se abre el mercado de valores en un día de negociación. El precio de cierre, por su parte, es el precio de una acción cuando ésta se cierra en un día de negociación. El equilibrio entre la oferta y la demanda de una acción fluctúa varias veces en un día. Por ello, el precio de una acción puede subir o bajar en pocos minutos.

Supongamos que el precio de las acciones de la empresa Z está fijado en 10 dólares el 10 de diciembre de 2018, a las 9:30 de la mañana, cuando la Bolsa de Nueva York abre ese día, pero, debido al aumento de la demanda, el precio de sus acciones sube a 15 dólares a las 16:00 de la tarde, justo antes del cierre de la Bolsa.

Si comprases 100 acciones de la empresa Z a las 9:00 de la mañana y decidieses venderlas a las 4:00 de la tarde, obtendrías un beneficio por revalorización del capital de 500 dólares. No está mal para un día de trabajo, ¿verdad?

## Beneficios del Day Trading

### Te permite aprender.

El trading diario es una gran oportunidad para probar una gran variedad de técnicas y patrones de trading. Le ayuda a aprender de sus errores rápidamente.

### Le ayuda a evitar el riesgo nocturno.

El precio de las acciones puede fluctuar del 5 al 10% de la noche a la mañana. Y recuerde que pueden pasar muchas cosas en una sola noche. Puede ocurrir un escándalo. Pueden surgir problemas políticos. El day trading elimina estos riesgos y le ayuda a dormir como un bebé por la noche.

### Es un gran negocio en casa.

Como se mencionó anteriormente, usted puede hacer el comercio del día en línea, por lo que puede ser un gran negocio en casa.

### Le da satisfacción psicológica.

Sentirá un subidón de adrenalina cuando empiece a ganar una cantidad importante de dinero en pocas horas. Le da un impulso y una sensación de logro. El day trading es emocionante y es bueno para su ego.

### Es relativamente fácil.

No es necesario tener un doctorado en finanzas para hacer day trading. Además, no tiene que ser un comerciante con licencia si está negociando acciones de un centavo (acciones que se negocian por debajo de 5 dólares). Si es bueno con los gráficos de las acciones y reconoce los patrones, entonces tiene una buena oportunidad de hacerlo bien.

### Puede ver los resultados más rápido.

No tiene que esperar meses o años para ver los frutos de su inversión. Puede obtener beneficios en un solo día.

### Se convierte en su propio jefe.

Los operadores de día suelen trabajar solos y son dueños de su tiempo. Tienen un horario de trabajo flexible y trabajan a su propio ritmo. El day trading es ideal para las personas que quieren convertirse en su propio jefe.

El day trading es también una estrategia de inversión de alto riesgo. Puede ganar mucho dinero en un solo día, pero también puede perder mucho dinero.

### Consejos para el éxito en el trading diario

### Haga sus deberes.

Recuerde que el conocimiento es poder, especialmente en el trading diario. Debe investigar a fondo antes de apostar por una acción. También debe estudiar la volatilidad y las tendencias del mercado.

Haga una lista de todos los valores con los que quiere operar y siga a estas empresas. Compruebe las noticias de las empresas con frecuencia. Es importante mantenerse informado.

### Determine cuánto riesgo puede tolerar.

Debe decidir cuánto está dispuesto a arriesgar en cada transacción u operación. Muchos operadores diarios experimentados sólo arriesgan alrededor del 1% o menos de su cuenta por transacción.

Digamos que tiene una cuenta de inversión de 50.000 dólares y que está dispuesto a arriesgar el 0,5% de su cuenta. Esto significa que su pérdida máxima por operación debería ser de 250 dólares (50.000 dólares x 0,005). No arriesgue más de 250 dólares.

### Hay que reservar mucho tiempo.

Hay que ver cómo suben y bajan los precios cada minuto. Esta es la razón por la que el day trading requiere mucho de su tiempo. No es algo que se pueda hacer de forma paralela. Así que, si tiene un trabajo a tiempo completo, esta estrategia de inversión no es definitivamente para usted.

### Hay que empezar de a poco.

Lo mejor es empezar poco a poco. Tiene que centrarse en sólo uno o dos valores durante sus primeras operaciones. No opere con tres o más valores en un mismo día de negociación.

También puede invertir en acciones fraccionadas para minimizar sus pérdidas. Por ejemplo, si una acción de Apple cuesta 60 dólares, puede comprar ½ acción por 30 dólares en lugar de comprar una acción completa.

## Sea realista.

No espere ganar diez mil dólares al día. No puede ganar todo el tiempo. De hecho, muchos operadores sólo ganan el 60% de sus operaciones. Sólo tiene que asegurarse de que sus ganancias sean mayores que sus pérdidas.

## No deje que la bolsa le ponga nervioso.

El day trading es a veces estresante y frustrante. Mantenga la calma. No deje que sus miedos y su codicia le superen. Tampoco sea demasiado optimista o esperanzado. Debe utilizar la lógica para tomar decisiones de inversión, no las emociones.

## Ventajas y desventajas

El day trading es emocionante. Le da un subidón de adrenalina. También le ayuda a ganar dinero en unas pocas horas. Es fácil entrar en él y puede hacerlo en la comodidad de su casa.

Dicho esto, el day trading es un poco complicado debido a la volatilidad del mercado. Se puede ganar mucho dinero en unas pocas horas, pero también se puede perder mucho dinero. Muchos operadores diurnos sufren pérdidas financieras en los primeros meses. Por eso hay que investigar a fondo antes de empezar a operar.

El day trading suele ser costoso. Para lograr un gran éxito en el trading diurno, hay que invertir en una plataforma y un software de trading de alta calidad. También hay que pagar una comisión por cada operación.

El day trading a veces le da un subidón natural, pero también es estresante. Tendrá que utilizar varias pantallas de ordenador para no perder oportunidades de negociación.

## Venta en corto

La venta en corto (también llamada ir en corto) es una estrategia de inversión que implica la venta de una acción que el inversor ha tomado prestada. Es una estrategia que ayuda a los inversores a beneficiarse de la caída de una acción. Es todo lo contrario al principio de inversión "comprar barato, vender caro".

Cuando invierte en una acción, está apostando por la empresa. Cuando vende en corto, está apostando en contra de la empresa. Vende en corto porque espera que el precio de la acción baje.

Para ilustrar este punto, veamos la historia de Nathan. Nathan estaba investigando a fondo las acciones y escuchó el rumor de que la empresa X tenía graves problemas financieros. Después de investigar un poco, tenía buenas razones para creer que el precio de las acciones de la empresa bajaría pronto, así que decide vender en corto las acciones de la empresa X para beneficiarse de su predicción sobre el precio de las acciones.

Nathan llamó a su agente de bolsa, John, y le dijo que quería vender en corto diez acciones de la empresa X. John necesitaba encontrar diez acciones de la empresa X para prestárselas a Nathan.

Para encontrar acciones para Nathan, John miró la cartera de su cliente y su inventario de acciones. John encontró diez acciones en una de las carteras de inversión de su cliente. A continuación, vendió las acciones en el mercado para Nathan a su precio de mercado actual de 150 dólares cada una. Los 1.500 dólares de la venta se abonaron a la cuenta de corretaje de Nathan.

Resulta que Nathan tenía razón. Al cabo de siete días, los problemas financieros de la empresa X se hicieron públicos y el precio de sus acciones cayó a 75 dólares.

Tras la caída del precio de las acciones, Nathan quiere obtener un beneficio de su predicción recomprando las acciones que vendió a través de su corredor de bolsa. Nathan llama a John y le dice que cubra su posición en la empresa X. John utiliza entonces el dinero de la cuenta de corretaje de Nathan para comprar diez acciones de la empresa X al precio actual de 75 dólares cada una. A continuación, devuelve las acciones prestadas a la cartera de su cliente.

Nathan vendió diez acciones de la empresa X por 1.500 dólares y las volvió a comprar por 750 dólares. Así, obtuvo un beneficio de 750 dólares, menos una pequeña comisión pagada a John por todas las molestias. Eso es increíble, ¿verdad?

## Ventajas y desventajas

La venta en corto es una gran estrategia de inversión para los pesimistas y los escépticos. Una de las mejores cosas de la venta en corto es que le permite ganar una gran cantidad de dinero sin un coste inicial. Y, sobre todo, le permite ganar dinero con empresas que fracasan.

Sin embargo, debe saber que la venta en corto es una estrategia de inversión arriesgada. No sabrá con seguridad si su predicción es correcta. Acabaría perdiendo dinero si el valor de la acción que vendió en corto subiera drásticamente. Además, la venta en corto (y el pesimismo que conlleva) puede provocar una caída de la bolsa.

No tiene que utilizar una sola estrategia de inversión. Puede mezclar diferentes estrategias de

inversión para obtener la máxima rentabilidad. También puede probar cada estrategia para saber cuál le funciona mejor.

## Resumen del capítulo 3

Para hacer crecer su patrimonio, tiene que utilizar una estrategia de inversión que le funcione. También puede mezclar y combinar diferentes estrategias. Hay muchas estrategias de inversión que puede utilizar, como la inversión en dividendos, la negociación diaria, la inversión en valor, la venta en corto y la inversión en crecimiento.

La inversión en valor es una de las mejores estrategias de inversión. La utilizan inversores experimentados como Warren Buffet. Su principio fundamental es "comprar barato, vender caro". "Los inversores en valor buscan activamente valores infravalorados. También invierten en empresas estables y establecidas. No se fijan en las tendencias del mercado y no se preocupan por la volatilidad de los precios de las acciones. No se preocupan por las predicciones bursátiles.

La inversión en valor es una excelente manera de minimizar el riesgo, pero puede hacer que se pierda la oportunidad de obtener enormes beneficios de revalorización del capital de empresas "superestrellas" en alza.

La inversión en crecimiento es lo contrario de la inversión en valor. Los inversores en crecimiento apuestan por empresas que crecen rápidamente. Buscan constantemente "unicornios" o la "próxima mejor cosa" en los negocios. Para minimizar el riesgo, hay que vender una acción ganadora cuando empieza a bajar. También hay que construir una cartera diversificada formada por empresas que tengan un buen rendimiento bursátil.

La inversión de crecimiento le da la oportunidad de ganar mucho dinero, pero también es arriesgada.

La inversión en dividendos es una estrategia de inversión que consiste en invertir en empresas que pagan dividendos anual o trimestralmente. También es importante elegir una empresa con pagos de dividendos crecientes.

El day trading es una estrategia de inversión que consiste en comprar y vender acciones en el mismo día. Esta estrategia le ayuda a beneficiarse de la volatilidad del mercado. También le da la oportunidad de aprender y perfeccionar sus habilidades de negociación. La desventaja de esta estrategia es que requiere mucho tiempo y tendrá que invertir en una plataforma de negociación avanzada.

La venta en corto es una estrategia de inversión en la que un inversor se beneficia de la caída de los precios de las acciones. El inversor toma prestadas las acciones de su corredor y las vende al precio actual del mercado. Una vez que el precio de las acciones baja, vuelve a comprarlas y devuelve las acciones que tomó prestadas. Su beneficio es la diferencia entre el precio de venta y el de compra.

La venta en corto es genial porque no tiene que pagar nada por adelantado. Pero es muy arriesgado. No sabrá con exactitud si las acciones bajan pronto. Si el precio de las acciones no baja, acabará con más deuda de la que puede manejar.

Para reducir el riesgo, hay que invertir en empresas con una baja relación deuda/capital y un alto margen de seguridad. Estas empresas son financieramente sanas.

Para maximizar sus ganancias, lo mejor es diversificar su cartera de inversiones y mezclar diferentes estrategias.

En el próximo capítulo, aprenderá a elegir las acciones adecuadas.

**Capítulo 4**

**Cómo elegir las acciones adecuadas para invertir**

Mia trabajó en una empresa de desarrollo de software durante quince años. Es buena en su trabajo, pero siempre estaba estresada y cansada. Así que decidió probar la inversión en bolsa para crear una cartera de ingresos pasivos que la ayudara a jubilarse pronto. Se reunió con una vieja amiga llamada Kate, analista financiera. Kate la ayudó a invertir en valores de alta calidad y de rápido crecimiento.

Al cabo de dos años, Mia había obtenido 650.000 dólares de beneficio por revalorización del capital. Dejó su trabajo y viajó por todo el mundo. Pronto utilizó parte de sus ganancias para crear su propia empresa de diseño gráfico. Sus 650.000 dólares se convirtieron en más de 2 millones de dólares.

Mia está viviendo la vida de sus sueños. Es dueña de su tiempo. Tiene un negocio exitoso e incluso se ha comprado una casa de playa en Miami.

Chloe era la antigua compañera de Mia. Al igual que Mia, llevaba unos quince años trabajando en el sector del desarrollo de software. También estaba cansada. Tras conocer el éxito de Mia, decidió invertir también en acciones.

Chloe no sabía nada sobre el mercado de valores y no sabía cómo elegir las acciones adecuadas. Invirtió en empresas endeudadas y con prácticas empresariales poco éticas. Así que acabó perdiendo 10.000 dólares.

Mucha gente se enriquece con la inversión en bolsa, pero también hay mucha gente que pierde grandes cantidades de dinero. Por eso hay que tener cuidado a la hora de elegir las acciones adecuadas para invertir. Debe tener claros sus objetivos de inversión y utilizar las estrategias adecuadas que le funcionen y se ajusten a su nivel de tolerancia al riesgo. También debe hacer una investigación exhaustiva antes de apostar por una acción.

## Establecer un objetivo de inversión

Antes de empezar a invertir, debe tener claro cuáles son sus objetivos de inversión. También debe decidir qué tipo de inversor quiere ser. ¿Quiere ser un inversor a largo plazo? ¿O quiere ser un inversor diario, que negocia acciones por minutos?

Debe tener claro lo que quiere conseguir con la inversión en bolsa. ¿Cuánto está dispuesto a invertir? ¿Cuánto quiere ganar cada año? ¿Qué está dispuesto a arriesgar?

Hay que fijar objetivos financieros, como cuánto se quiere ganar en un año o en cinco. También debe establecer objetivos no financieros. ¿Por qué? Porque los ingresos de las inversiones son meras herramientas que puede utilizar para apoyar sus objetivos no financieros. ¿Qué quiere conseguir? ¿Quiere tener una gran boda? ¿Quiere viajar a un país extranjero al menos dos veces al año?

## Factores que hay que tener en cuenta para elegir una acción

La clave para construir una cartera de inversión rentable es elegir las acciones adecuadas. Cuando se está empezando, comprar acciones individuales es más costoso que invertir en fondos de inversión de bajo coste. A continuación se indican los factores que debe tener en cuenta a la hora de elegir las acciones en las que invertir.

## Crecimiento de los beneficios

Antes de invertir en una empresa, debe comprobar sus beneficios y asegurarse de que crece de forma constante a lo largo del tiempo. El crecimiento no tiene por qué ser enorme. Sólo tiene que buscar una tendencia al alza en los beneficios.

Por ejemplo, supongamos que tiene 3.000 dólares extra y quiere invertirlos en acciones. Quiere invertir en dos empresas. La empresa A es uno de los mayores fabricantes de acero del país, mientras que la empresa B produce las baterías más vendidas del país.

Tómese su tiempo para examinar los datos que aparecen a continuación:

**Empresa A: Fabricante líder de acero**

| Año | Beneficios |
|---|---|
| 2005 | $2,158,111,202 |
| 2006 | $2,160,369,000 |
| 2007 | $2,080,250,000 |
| 2008 | $1,988,910,000 |
| 2009 | $1,888,630,121 |
| 2010 | $1,780,980,011 |
| 2011 | $1,761,918,870 |
| 2012 | $1,709,919,450 |
| 2013 | $1,670,980,689 |

| | |
|---|---|
| **2014** | $1,659,658,905 |
| **2015** | $1,640,050,814 |
| **2016** | $1,590,010,110 |
| **2017** | $1,550,000,289 |
| **2018** | $1,499,110,980 |

**Empresa B: Fabricante líder de baterías**

| Año | Beneficios |
|---|---|
| **2005** | $750,000,905 |
| **2006** | $805,963,960 |
| **2007** | $815,750,690 |
| **2008** | $909,530,066 |
| **2009** | $915,784,210 |
| **2010** | $918,974,560 |
| **2011** | $990,741,632 |
| **2012** | $1,101,890,390 |
| **2013** | $1,156,120,450 |
| **2014** | $1,190,110,000 |
| **2015** | $1,220,000,980 |
| **2016** | $1,240,780,360 |
| **2017** | $1,310,000.550 |

| 2018 | $1,399,222,080 |
|------|----------------|

Si se fija bien, verá que la empresa A tiene muchos más beneficios que la empresa B. Sin embargo, sus ingresos han ido disminuyendo desde 2008. Esto significa que la empresa tiene problemas. Podría tratarse de una mala gestión o de una cuota de mercado decreciente debido a la entrada de un competidor agresivo en el sector.

La empresa B, por el contrario, ha tenido un crecimiento constante de los beneficios desde 2006. Esta empresa está haciendo algo bien y es más digna de su dinero duramente ganado.

## Estabilidad

Sir Tim Berners-Lee publicó en 1989 un artículo sobre una propuesta de programa de gestión de la información llamado "Internet". Unos meses más tarde implementó la primera comunicación exitosa entre un Protocolo de Transferencia de Hipertexto (HTTP) y un servidor.

En 1990, Berners-Lee comenzó a escribir la World Wide Web (www), el primer navegador web de la historia. Al año siguiente, lanzó la primera página web de la historia. Esto cambió el mundo para siempre. Esto es lo que los operadores bursátiles llaman un cisne negro.

Según el analista de riesgos Nassim Nicholas Taleb, un cisne negro es un acontecimiento difícil de predecir que puede cambiar el mundo para siempre. Y si es lo suficientemente sabio como para predecir o al menos detectar un cisne negro en su fase inicial, va a ganar a lo grande en la bolsa y en los negocios. Esto explica por qué los primeros empresarios de Internet, como Jack Ma y Jeff Bezos, son extremadamente ricos.

Y pronto, prometedoras empresas de Internet decidieron salir a bolsa y los inversores se volvieron locos poniendo sus huevos en la "cesta de los negocios de Internet".

Pero después de que la industria tecnológica se abarrotara y el mundo experimentara un desplome bursátil en 2008, los ingresos de las empresas de Internet se volatilizaron. Así, muchos inversores acabaron perdiendo enormes cantidades de dinero.

Aun así, esto es sólo un ejemplo. No significa que no deba invertir en el sector tecnológico. Todas las empresas están abocadas a perder el valor de sus acciones en algún momento, especialmente durante los periodos de recesión y crisis económica.

Para lograr el éxito a largo plazo en el mercado de valores, hay que invertir en empresas que sean lo suficientemente fuertes y estables como para soportar condiciones económicas desfavorables. La fluctuación errática del precio de las acciones no es una buena señal.

Para ilustrar este punto, observe el siguiente gráfico:

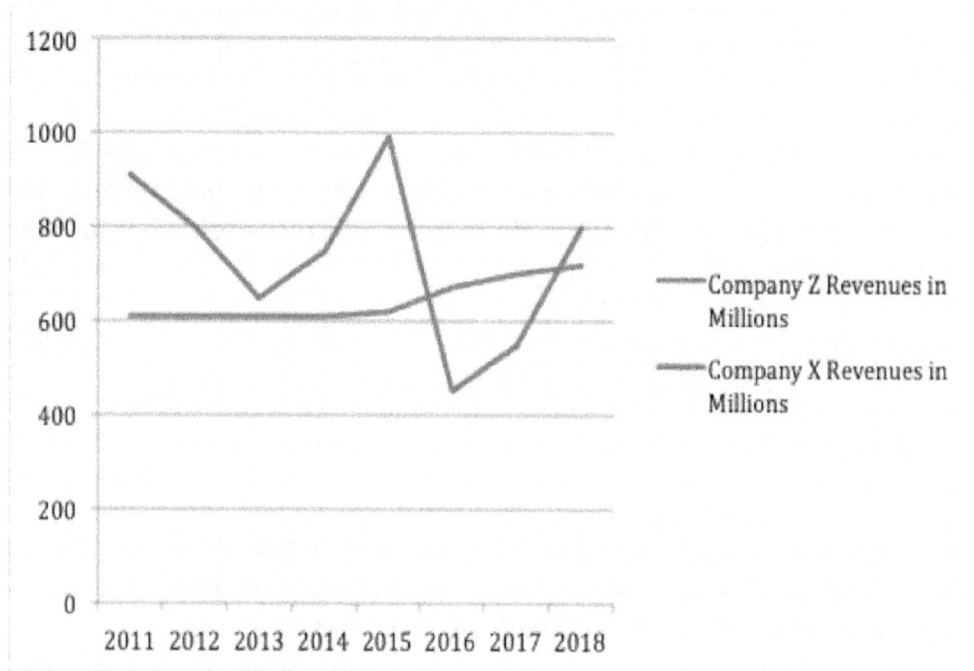

Observa que los ingresos de la empresa Z no fluctúan tanto como los de la empresa X. Esto significa que es más estable y una buena opción para invertir a largo plazo.

## La cuota de mercado de la empresa

Antes de invertir en una empresa, observe su cuota de mercado. ¿Es una de las más fuertes de su sector? ¿Le va bien frente a sus competidores?

Si quiere obtener un gran rendimiento de su inversión, lo mejor es invertir en líderes fuertes del mercado, como Microsoft (software), JPMorgan Chase (finanzas), Facebook (comunicación), Las Vegas Sands (casinos y complejos turísticos), Gilead Science (biotecnología), PepsiCo (bebidas), Comcast (cable y radiodifusión) y Marriot (hoteles).

## Rentabilidad

No sólo hay que fijarse en los ingresos totales de una empresa, sino en sus beneficios. ¿Son los beneficios superiores a los costes? ¿Cuántos beneficios obtiene la empresa por cada venta? ¿Tiene la empresa un flujo de caja positivo (la cantidad de dinero que entra es mayor que la que sale)?
También debe examinar la rentabilidad de la empresa a lo largo de los años. Le conviene invertir en una empresa con una tendencia de beneficios al alza.

## Relación entre el precio y los beneficios o relación P/E

El ratio P/E es el precio de la acción dividido por sus beneficios. Por ejemplo, si las acciones de una empresa cuestan 50 dólares y cada inversor recibe un dividendo anual de 5 dólares por acción, su ratio P/E es de diez (cincuenta dividido por cinco).

El ratio P/E suele utilizarse para medir el potencial de crecimiento de una empresa. Si el ratio P/E es alto, significa que los inversores están dispuestos a pagar grandes cantidades de dinero por cada acción. Esto podría aumentar el precio de las acciones en el futuro y dar lugar a un alto rendimiento de la inversión (ROI).

Las empresas con una relación P/E baja tienen un potencial de crecimiento mínimo. Esto significa que podría perder dinero al invertir en ellas.

Sin embargo, hay que tener en cuenta que no todas las empresas con una elevada relación P/E tienen un potencial de crecimiento prometedor. Estas empresas pueden estar simplemente sobrevaloradas.

El ratio P/E es una gran herramienta que puede ayudarle a decidir en qué acciones invertir, pero no debe confiar totalmente en él.

## La dirección de la empresa

Le guste o no, la dirección de la empresa puede afectar en gran medida a su futuro. Por este motivo, también debe examinar la competencia del equipo directivo de la empresa.

¿Considera que los dirigentes de la empresa son competitivos y competentes? ¿Cree que la empresa está bien gestionada? ¿Está la empresa por delante de sus competidores gracias a la innovación? ¿Considera que los dirigentes de la empresa son visionarios?

También debe fijarse en la cultura de la empresa. ¿Tiene la empresa un ambiente tóxico? ¿Está envuelta en escándalos y demandas?

## Relación entre la deuda y los fondos propios

Como ya se ha dicho, los fondos propios son la diferencia entre el activo y el pasivo de la empresa.

Digamos que el activo de la empresa Y asciende a 100.000 dólares, pero el pasivo de la empresa asciende a 80.000 dólares. Esto significa que el patrimonio neto de la empresa está valorado en 20.000 dólares.

La relación entre la deuda y los fondos propios se utiliza para medir el apalancamiento y la salud financiera general de una empresa. Para calcularlo, hay que dividir el pasivo total de la empresa entre sus fondos propios.

| Activos | Pasivo | Equidad |
|---|---|---|
| $100,000 | $80,000 | $20,000 |

Ahora, mire los datos de la empresa B que aparecen arriba. Si dividimos el pasivo de la empresa entre su patrimonio neto, encontraremos que su ratio de deuda sobre patrimonio neto es de 4 dólares. Esto significa que la empresa B tiene una deuda de 4 dólares por cada 1 dólar de patrimonio neto. Por lo tanto, la empresa B no goza de buena salud financiera y no es apta para la inversión a largo plazo. Es demasiado arriesgada.

Para minimizar el riesgo, debería invertir en una empresa con una relación deuda-capital de 0,30 o inferior.

## Pago de dividendos

Como se ha mencionado anteriormente, no todas las empresas pagan dividendos, pero las que lo hacen suelen ser más estables y gozar de buena salud financiera.

Es bueno invertir en empresas que pagan dividendos, pero hay que tener cuidado. Una alta rentabilidad de los dividendos puede indicar inestabilidad. También puede significar que la empresa está estancada, ya que no está reinvirtiendo sus beneficios en crecimiento y expansión.

## Reputación de la empresa

Evite las empresas que realizan prácticas poco éticas. Las empresas con mala reputación son las más propensas a verse envueltas en escándalos.

## Hábitos de inversión de los ejecutivos de las empresas

Fíjese en el número de acciones que compran o venden los ejecutivos y consejeros delegados para saber qué está pasando realmente dentro de la empresa. Si el director general está vendiendo sus acciones, podría significar que la empresa está en graves problemas.

## BPA positivo

Como ya se ha dicho, el beneficio por acción, o BPA, es la parte del beneficio que se asigna a cada acción ordinaria. Un BPA positivo es un indicador de la rentabilidad de una empresa.

Suele calcularse como:

Beneficio por acción = Beneficio neto/número de acciones

Pero, el cálculo más preciso es:

Beneficio por acción = (Beneficio neto - Dividendos preferentes)/ Media ponderada de acciones ordinarias en circulación

La media ponderada de acciones ordinarias es más precisa porque el número de acciones cambia con el tiempo. La empresa puede crear nuevas acciones a mitad de año. Estos datos suelen encontrarse en la cuenta de resultados, el balance o el estado financiero de la empresa.

Mire los datos de abajo:

| Empresa D | | | | |
|---|---|---|---|---|
| **Activos** | Pasivo | Ingresos netos | Pagos de dividendos preferentes | Media ponderada de acciones en circulación |
| **$200,000** | $35,000 | $165,000 | $20,000 | 10.000 acciones |

Así, si se calcula el BPA de la empresa D, debería ser así:

EPS = (165.000 - 20.000)/10.000
     = $14.5

El BPA de la empresa D es realmente una buena cifra, teniendo en cuenta que el gigante bursátil Apple tiene un BPA de 6,45 dólares.

Puede utilizar la primera fórmula para simplificar las cosas. Esta fórmula no es tan precisa como la segunda, pero le da una cifra bastante buena que puede utilizar para seguir la rentabilidad de una posible oportunidad de inversión.

## Consejos para elegir las acciones adecuadas

Recuerde que cuando compra acciones de una empresa, se convierte en copropietario de la misma. Por lo tanto, tiene que fijarse en la salud general de la empresa en la que quiere invertir. A continuación le ofrecemos algunos consejos que puede utilizar para elegir las acciones adecuadas:

## Invierta en lo que sabe.

Sabe por qué elige una determinada marca de ropa en lugar de otra. También conoce los ingredientes de los platos que pide en su restaurante favorito. Para evitar pérdidas, es importante invertir en una acción que conozca bien.

Antes de invertir en una acción, hay que responder a las siguientes preguntas:

- ¿Sabe qué productos ofrece la empresa?
- ¿Ha examinado los estados financieros de la empresa?
- ¿Es la empresa rentable?
- ¿Está enterrado en deudas?
- ¿Confía en los directivos de la empresa?
- ¿Es la empresa innovadora?
- ¿Compraría sus productos?

## Evite las empresas sobredimensionadas.

Ya sabes lo que pasó con Theranos. Al igual que Theranos, Dropbox también es uno de los unicornios más célebres de Silicon Valley. El precio de sus acciones estaba en 30 dólares el 31 de mayo de 2018, pero cayó a 19,96 dólares el 1 de enero de 2019. Las empresas hypeadas pueden ser geniales, pero la verdad es que no todas pueden estar a la altura.

## Tenga en cuenta el precio.

Los inversores experimentados suelen buscar valores infravalorados. Por regla general, los valores con un PER de quince o menos se consideran baratos, mientras que los valores con un PER de más de veinte se consideran un poco sobrevalorados o caros.

Pero debe recordar que lo barato no siempre es bueno y lo caro no siempre es malo. A veces, las acciones son baratas simplemente porque no están funcionando bien, y algunas acciones son caras principalmente porque están creciendo rápidamente. Piense en Amazon. En febrero de 2019, una acción de Amazon cotiza a 1.500 dólares. Sí, es cara, pero vale cada centavo ya que es la empresa pública más valiosa del mundo.

## Evalúe la salud financiera de la empresa en la que va a invertir.

Debe empezar a investigar los informes financieros de la empresa. Tenga en cuenta que todas las empresas públicas publican informes financieros trimestrales y anuales. Puede acceder fácilmente a estos informes a través del sitio web de la SEC. Puede hacer clic en el siguiente enlace:

https://www.sec.gov/edgar/searchedgar/companysearch.html

## Elige una empresa con un gran margen de beneficios.

El margen de beneficios es la diferencia entre los ingresos y los gastos de la empresa. Le conviene invertir en una empresa que gestione bien sus gastos.

## No se olvide de vender sus acciones.

El beneficio es el objetivo final de la inversión bursátil, pero debe tener claro cuánto beneficio quiere obtener.

Supongamos que usted compró las acciones de la empresa G a 10 dólares y quiere obtener un beneficio de 5 dólares. Entonces, cuando el precio de las acciones llegue a los 15 dólares, tiene que vender de inmediato. No sea codicioso o acabará perdiendo mucho dinero en el futuro.

## Debe creer en la gestión de la empresa.

No invierta en una acción si no confía en el director general de la empresa. Es así de sencillo. Use la lógica, pero también escuche su intuición. No invierta en nada que no le parezca correcto.

## Cómo saber si una acción está sobrevalorada

Muchos analistas financieros suelen sobrestimar el valor de una empresa. Puede perder mucho dinero si invierte en acciones sobrevaloradas.

Pero, ¿cómo saber si una acción está sobrevalorada? Bueno, hay que revisar el informe financiero anual de la empresa, la cuenta de resultados y el balance.

Lo primero que hay que mirar es el ratio P/E de la acción (también llamado múltiplo de beneficios). Las empresas sobrevaloradas suelen tener un PER más alto. Si el precio de las acciones de una empresa es veinte veces superior a sus beneficios, está definitivamente sobrevalorada.

Para ilustrar este punto, veamos dos empresas: la empresa M y la empresa N.

El precio de las acciones de la empresa M es de 150 dólares, mientras que sus beneficios por acción son de 200 dólares. Por lo tanto, su relación P/E es de 0,75. Es demasiado bajo, ya que sus "beneficios por acción" son en realidad mayores que su precio.

El precio de las acciones de la empresa N, en cambio, está fijado en 200 dólares, pero sus beneficios por acción son sólo de 10 dólares. Tiene un ratio PE de veinte. Esto significa que su precio es veinte veces superior a sus beneficios.

Si usted es un inversor de crecimiento, lo más probable es que se decante por la empresa N porque tiene un alto potencial de crecimiento en cuanto al precio de las acciones. Esto significa que los inversores son optimistas y están dispuestos a pagar un precio elevado por sus acciones.

Pero, si es un inversor de valor, lo más probable es que invierta en la empresa M porque está infravalorada.

Muchos inversores se limitan a mirar el ratio P/E para determinar si una empresa está sobrevalorada, pero también hay otras formas de comprobar si una empresa tiene un precio muy superior a su valor intrínseco.

Fíjese en el ratio PEG de la empresa. El ratio Precio/Ganancias/Crecimiento, o ratio PEG, se calcula como:

Ratio PEG = Ratio PE/Tasa de crecimiento del BPA

Esta métrica se utiliza para evaluar el precio de las acciones de una empresa en comparación con el crecimiento y los beneficios de la misma. Cuanto más bajo sea el ratio PEG de una empresa, mejor.

Supongamos que la empresa W tiene una relación P/E de veinte. Eso es bastante alto, ¿verdad? Pero tiene una tasa de crecimiento del BPA del 25%, por lo que su ratio PEG es de 0,80. Esto significa que su precio es barato en relación con su crecimiento potencial.

Esta métrica es la mejor para los inversores que tienen en cuenta tanto el valor de la empresa como la tasa de crecimiento.

## Compruebe el ratio PEG ajustado al dividendo de la empresa.

Si está invirtiendo en una empresa que paga dividendos, tiene que fijarse en su ratio PEG ajustado a los dividendos. Se calcula como:

Ratio PEG ajustado a los dividendos = Ratio PE/(Tasa de crecimiento de los beneficios por acción + Rendimiento de los dividendos)

Supongamos que la empresa J tiene una relación P/E de veinte, y tiene una tasa de crecimiento de los "beneficios por acción" del 10%. Tiene una rentabilidad por dividendo del 2%. Por tanto, su ratio PEG ajustado a los dividendos es de 1,66. Es bastante bajo. Significa que su precio es relativamente bajo en relación con su rentabilidad por dividendo y su tasa de crecimiento.

## Examine la rentabilidad relativa de los dividendos.

Como se ha mencionado anteriormente, la rentabilidad del dividendo se calcula como el dividendo anual por acción dividido por el precio actual de las acciones.

Por ejemplo, si el precio de las acciones de la empresa Z es de 10 dólares y paga 1 dólar por acción cada año, su rentabilidad por dividendo es del 10%.

La rentabilidad de los dividendos sirve de señal. Verá, las empresas muy rentables suelen pagar dividendos más altos. Esta es la razón por la que los principiantes en el mercado de valores pueden utilizar la rentabilidad de los dividendos para examinar el precio de la empresa en relación con sus beneficios.

Por tanto, si una empresa tiene una alta rentabilidad por dividendo, lo más probable es que esté infravalorada. Si una empresa tiene una baja rentabilidad por dividendo, está sobrevalorada.

Supongamos que usted posee 100 acciones de la empresa D con una rentabilidad por dividendo del 5%. Para maximizar su beneficio, tiene que hacer un seguimiento cuidadoso de la rentabilidad de los dividendos de la empresa. Esto le ayuda a determinar la rentabilidad de la empresa. Si la rentabilidad de los dividendos cae al 2% o menos, significa que la empresa no está ganando bien, está sobrevalorada, y es mejor dejar ir esa acción.

## Compruebe si la empresa forma parte de un sector cíclico.

Algunas industrias son extremadamente sensibles a los altibajos de la economía. Estas industrias se denominan cíclicas porque sus beneficios suben cuando la economía va bien y bajan durante una crisis económica.

Las empresas de los sectores cíclicos suelen tener características únicas. Prosperan cuando la economía es buena. Las empresas de automóviles, los contratistas de la construcción y las fábricas de acero son ejemplos de industrias cíclicas.

Cuando la economía va bien, las empresas de los sectores cíclicos parecen tener unos beneficios que crecen rápidamente y una relación P/E baja. Así, parecería que la empresa está infravalorada, pero esta situación es en realidad una "trampa de valor" y puede ser peligrosa y engañosa. Aunque esto puede engañar fácilmente a los principiantes en el mercado de valores, los inversores más experimentados saben que la relación P/E de estas empresas es mucho más alta de lo que parece.

Por lo tanto, antes de juzgar a una empresa en función de su ratio P/E, debe determinar primero si esa empresa pertenece a un sector cíclico. Si es así, no tome todos los datos que vea al pie de la letra.

## Comprueba el rendimiento de las ganancias de la empresa.

El rendimiento de los beneficios se calcula como los beneficios por acción divididos por el precio actual de las acciones.

Rendimiento de los beneficios = Beneficio por acción/ Precio actual de las acciones

Si observa la fórmula con atención, se dará cuenta de que es la inversa de la relación P/E. Esta métrica ayuda a los inversores a determinar la rentabilidad de una inversión. También se puede utilizar para comprobar si una acción está sobrevalorada.

Se puede comparar el rendimiento de los beneficios de una acción con el rendimiento del tesoro a diez años. Si el rendimiento de los beneficios es menor que el del tesoro, está sobrevalorado, pero si el rendimiento de los beneficios de una empresa es alto, está infravalorado en relación con los bonos.

Muchos inversores utilizan el rendimiento de los beneficios para tomar decisiones de inversión. Esta métrica le ayuda a determinar si es mejor invertir en acciones o debe optar por otros valores, como los bonos.

Comprar una acción sobrevalorada es increíblemente arriesgado. Podría acabar perdiendo mucho dinero. Así que, antes de apostar por una acción, asegúrese de que tiene un precio razonable y no está sobrevalorada.

## Cómo construir una posición en bolsa

Una posición en acciones es el número de acciones que posee un distribuidor, una organización o un individuo. Cuando se compra una acción, básicamente se está tomando una posición. Hay dos tipos de posiciones: posiciones largas y posiciones cortas.

Como ya hemos comentado, el término "ir en corto" se refiere a un proceso en el que se *toma prestada* una acción y se vende, con la esperanza de que el precio baje. Cuando "vas en largo", básicamente está comprando la acción (y pagando por ella por adelantado) porque esperas que su valor suba.

Así, una posición corta se realiza cuando se toma prestada una acción y luego se vende. Una posición larga, en cambio, se realiza cuando se posee una acción y luego se vende.

Hay muchas estrategias que puede utilizar para construir una posición ganadora o extremadamente rentable. Una de las formas de hacerlo es mediante la "piramidación". "Verás, si engulles una taza entera de café caliente, te quemarás la boca. Así que tienes que tomar pequeños sorbos para evitar quemarte. Puede utilizar esta misma estrategia para minimizar sus pérdidas y maximizar su rendimiento, y se llama piramidación.

Si encuentra una acción de alto rendimiento, no invierta todo su dinero en ella de inmediato. Hay que tantear el terreno para no perder todo el dinero.

Digamos que ha encontrado una buena acción y ha decidido invertir 5.000 dólares para comprar 100 acciones a 50 dólares cada una. Si el precio de las acciones cae un 10%, perderá 500 dólares, pero si invierte sólo ¼ de su dinero de inversión, sólo perderá 125 dólares.

La pirámide consiste en realizar múltiples compras de acciones para construir su posición. La mejor manera de hacerlo es dividir las compras en tres o cinco plazos.

Supongamos que tiene un fondo de inversión de 10.000 dólares. Cuando entre en una operación, puede utilizar 3.000 dólares para comprar acciones y construir su posición inicial. Asegúrese de utilizar este dinero para comprar acciones de líderes del mercado y empresas consolidadas.

Ahora, no compre más acciones hasta que el precio de su posición actual suba al menos un 2%. Una vez que esto ocurra, invierta otros 3.000 dólares. En este punto, ya ha invertido el 60% de su fondo de inversión.

Una vez que obtenga otro 2% de beneficio por revalorización del capital, invierta otros 2.000 dólares. E invierta los últimos 2.000 $ después de que el precio de las acciones haya aumentado otro 2%.

Esta estrategia de inversión es inteligente. Maximiza los beneficios, reduce los riesgos y limita las pérdidas. La pirámide es una estrategia de inversión para construir una posición bursátil ganadora.

Otra forma de construir su posición en acciones es escribir (vender) opciones de venta.

Una opción de venta es una opción para vender acciones a un precio acordado en una fecha determinada o antes. Por tanto, al suscribir una opción de venta, básicamente se está obligando a comprar acciones a un precio determinado.

Para explicarlo, digamos que usted quiere comprar unas cuantas acciones de la empresa V. Ha investigado a fondo y ha descubierto que la mejor manera de obtener los máximos beneficios de su inversión es no pagar más de 20 dólares. Pero hay un problema: las acciones de la empresa V están valoradas actualmente en 50 dólares.

Si es un principiante, lo más probable es que espere a que el precio baje hasta el precio que desea. Pero, si es un inversor avanzado, no se sentará a esperar hasta que el precio de las acciones baje. Puede suscribir opciones de venta de acciones de la empresa V a 20 dólares. Cuando hace esto, esencialmente está prometiendo a otra parte (puede ser un banco, una corporación, un fondo de inversión o un inversor individual) que comprará sus acciones de la Compañía V cuando ésta alcance los 20 dólares.

Pero, ¿por qué va a hacer esto? Bien, a cambio de su compromiso, el comprador de su contrato de opciones de venta le pagará una prima por acción. Un contrato de opciones de venta suele cubrir 100 acciones. Por lo tanto, si escribe cinco opciones de venta (un total de 500 acciones) y el comprador le paga una prima de 2 dólares por acción, ganará 1.000 dólares (500 acciones x 2 dólares). Además, sólo tendrá que pagar una comisión mínima.

Escribir opciones de venta es una gran manera de construir su posición de acciones porque siempre será un ganador sin importar el resultado.

Si la opción de venta vence y nunca se ejerce, se queda con los 1.000 dólares.

Si el precio de las acciones baja temporalmente y se ejecuta el contrato de la opción de venta, podrá comprar las acciones que le gustan a un precio muy reducido. En lugar de pagar 50 dólares por ella, sólo pagará 20 dólares menos la prima de 2 dólares. Por lo tanto, pagará 18 dólares y obtendrá 32 dólares (50- 18 dólares) de descuento por la acción. No está mal, ¿verdad?

Si la empresa decide cerrar antes de que el precio de las acciones alcance los 20 dólares, usted seguirá conservando los 1.000 dólares.

Escribir opciones de venta es una gran manera de ganar en el juego de comercio de acciones.

**Resumen del capítulo 4**

Para ganar a lo grande en la bolsa, hay que invertir en los valores adecuados. De lo contrario, acabará perdiendo mucho dinero.

Establezca un objetivo de inversión. ¿Qué quiere conseguir? Tiene que establecer objetivos financieros como cuánto quiere ganar en un año o en cinco años. También debe establecer objetivos no financieros como la frecuencia con la que quiere viajar o las experiencias que quiere poder permitirse.

A la hora de elegir las acciones, hay que tener en cuenta diferentes factores, como el crecimiento de los beneficios, la estabilidad, la cuota de mercado de la empresa, la rentabilidad, el coeficiente P/E, la actividad de la información privilegiada, la reputación de la empresa y la fiabilidad de sus directivos.

Para elegir las acciones correctas, hay que invertir en lo que se conoce y evitar las empresas sobrevaloradas. Estas empresas suelen estar sobrevaloradas y no pueden estar a la altura. También debe tener en cuenta el precio de las acciones y el margen de beneficios.

Debe vender sus acciones una vez que el precio alcance su máximo. Esta técnica maximiza su beneficio.

Evite las acciones sobrevaloradas. Fíjese en el PEG y en la relación P/E para determinar si una empresa está sobrevalorada.
- Si una empresa tiene una relación P/E elevada, está sobrevalorada.
- Una empresa con un elevado ratio PEG también está sobrevalorada.

También debe determinar si la empresa pertenece a un sector cíclico o no. Las empresas de un sector cíclico son muy sensibles a los ciclos económicos. Su precio es alto cuando la economía va bien, y disminuye cuando hay una recesión.

Cuando la economía va bien, los valores cíclicos parecen tener ingresos que crecen rápidamente. Esto disminuye su relación P/E, dándole la impresión de que la acción está infravalorada cuando, en realidad, está sobrevalorada. Cuando mire la relación P/E de las empresas en compañías cíclicas, no la considere al pie de la letra. Puede ser engañoso.

Si el rendimiento de los beneficios de una acción es inferior al rendimiento del Tesoro (bono), está sobrevalorada.

Evite comprar acciones sobrevaloradas. También es prudente vender acciones sobrevaloradas en su cartera.

Una posición bursátil es la cantidad de acciones que posee un inversor. Hay dos tipos de posiciones: largas y cortas.

Una posición larga implica comprar una acción y pagar por ella por adelantado. Una posición corta, en cambio, consiste en tomar prestadas las acciones y venderlas en previsión de una caída del precio. Una vez que el precio baja, se compran las acciones para cubrir lo que se ha tomado prestado. La diferencia entre el precio de venta y el de compra es su beneficio.

Escribir opciones de venta es una buena manera de construir su posición en acciones. Una opción de venta es el derecho a vender una acción a un precio específico. Así, si quiere comprar la acción A por 20 dólares, pero su precio actual es de 30 dólares, puede suscribir una opción de venta y venderla. El comprador tiene entonces el derecho de venderle su acción cuando el precio baje a 20 dólares antes de la fecha de vencimiento del contrato. El comprador le paga una prima por su promesa. Si el precio no baja y el contrato nunca se ejecuta, usted puede seguir manteniendo las ganancias de la prima. Por tanto, no hay mucho que perder.

En el próximo capítulo, hablaremos de la cuenta de corretaje y del estado de cuenta en detalle.

**Inspiración #5**

"El éxito es caminar de fracaso en fracaso sin perder el entusiasmo. "
Winston S. Churchill

**Por favor, revise este libro**

Si la lectura de este libro le ha servido de algo, tenga la amabilidad de publicar una reseña para hacérnoslo saber. Sólo le llevará un minuto de su tiempo. Muchas gracias.

## Capítulo 5

## Cómo entender su cuenta de corretaje y su estado de cuenta

Le sorprendería saber que la mayoría de las personas extremadamente ricas tienen cuentas de corretaje sujetas a impuestos. Les proporciona una vía para beneficiarse del mercado de valores y diversificar su flujo de ingresos. Como hemos comentado anteriormente en este libro, si quiere invertir grandes cantidades de dinero y ser un inversor de éxito, tiene que abrir una cuenta de corretaje imponible.

## ¿Qué es una cuenta de corretaje?

Una cuenta de corretaje es una cuenta de inversión sujeta a impuestos que puede utilizar para comprar y vender acciones y otros valores. Como su nombre indica, se abre a través de una empresa de corretaje. Es muy parecida a una cuenta bancaria. Tiene que depositar dinero en su cuenta antes de poder empezar a comprar y vender acciones.

Puede ingresar dinero en su cuenta mediante cheques o transferencias electrónicas de fondos. También puede transferir dinero a su cuenta.

## Tipo de inversiones que puede tener una cuenta de corretaje

Las cuentas de corretaje no son sólo para acciones. En una cuenta de corretaje se pueden depositar una serie de valores, entre ellos:

**Acciones ordinarias** - Representan la propiedad parcial de una empresa. Suelen tener derecho a voto.

**Acciones preferentes** - Estas acciones suelen tener un alto pago de dividendos, pero son más caras que las acciones ordinarias. Los accionistas de acciones preferentes no suelen tener derecho a voto.

**Bonos** - Un bono es un título de deuda. Cuando usted compra un bono, el emisor (normalmente una entidad gubernamental) le debe dinero. Usted gana dinero de los bonos a través de los tipos de interés.

**Fondo de inversión** - Un fondo de inversión está financiado por diferentes accionistas. Es básicamente un conjunto de dinero que se invierte en diferentes valores. Es relativamente fácil invertir en un fondo de inversión. Además, suele estar gestionado por un profesional financiero. También puede comprar diferentes fondos de inversión, así que no tiene que poner todo su dinero en un solo fondo de inversión.

**ETF** - Un ETF, o Exchange Traded Fund, es una cesta de diferentes valores que se negocia como una acción. Un ETF es una buena inversión porque tiene flexibilidad de negociación. Le ayuda a diversificar su cartera de inversiones y a gestionar el riesgo. Además, es más barato que un fondo de inversión tradicional.

**REIT** - Un fondo de inversión inmobiliaria, o REIT, es una empresa que financia o explota propiedades inmobiliarias que producen ingresos, como edificios comerciales. Los REIT suelen ser propietarios de varias empresas inmobiliarias que generan ingresos, como hospitales, almacenes, hoteles y centros comerciales. Puede invertir en REITs que cotizan en bolsa utilizando su cuenta de corretaje.

**Mercado monetario y certificado de depósito** - Una cuenta de mercado monetario suele representar fondos de inversión líquidos. Tiene unos tipos de interés más altos y una capacidad limitada de emisión de cheques. Un certificado de depósito es básicamente un depósito a plazo fijo. Por ejemplo, usted acepta depositar 10.000 dólares en su cuenta. No puede retirar esa cantidad durante cinco años, pero, ganará un tipo de interés a lo largo de este periodo. Así, si gana 1.000 dólares de interés al año, va a ganar 5.000 dólares más por su depósito al cabo de cinco años.

## Cuentas de corretaje de efectivo y cuentas de corretaje de margen

Existen dos tipos principales de cuentas de corretaje: las cuentas en efectivo y las cuentas de margen. Una cuenta de corretaje en efectivo requiere que usted deposite dinero en efectivo en su cuenta. Si tiene una cuenta de corretaje en efectivo, tendrá que pagar sus transacciones en efectivo y en su totalidad.

Una cuenta de margen, en cambio, le permite pedir un préstamo al corredor utilizando parte de sus activos como garantía para comprar valores.

Si es un principiante, lo mejor es optar por una cuenta de corretaje en efectivo. ¿Por qué? Bueno, las cuentas de corretaje de margen son complejas y le enterrarán en deudas si no tiene cuidado.

## Límites de dinero que puede depositar en una cuenta de corretaje

Como se ha mencionado anteriormente, otros planes de inversión como la IRA y el 401(k) tienen límites, pero las cuentas de corretaje sujetas a impuestos no, por lo que puede depositar e invertir todo lo que quiera. Dicho esto, tenga en cuenta que tiene que pagar impuestos por este tipo de inversión.

## ¿Cuántas cuentas de corretaje se pueden tener?

Puede tener tantas cuentas de corretaje como desee, pero tenga en cuenta que la mayoría de las empresas de corretaje exigen un depósito mínimo de entre 500 y 2.000 dólares, por lo que abrir varias cuentas puede resultar costoso.

Sin embargo, si dispone de recursos ilimitados, puede abrir varias cuentas en diferentes empresas de corretaje.

## Diferencia entre un corredor de descuento y un corredor de servicio completo

Hay dos tipos generales de corredores:
- Un corredor de servicio completo y
- Un broker de descuento.

Una cuenta de corretaje de servicio completo es estupenda porque viene con un corredor dedicado. Puede llamarle, enviarle un mensaje de texto o un correo electrónico si quiere hacer una orden. Este corredor suele conocerle personalmente, y a veces conoce a su familia. También conoce sus finanzas íntimamente. Es como un asesor financiero. Suele reunirse con él regularmente para hablar de su cartera.

Los corredores de servicio completo suelen cobrar altas comisiones. Un corredor de descuento, por el contrario, no cobra mucho. Pero este tipo de corredor suele operar en línea. Una cuenta de corretaje de descuento es como un plan de inversión "hágalo usted mismo".

Entonces, ¿qué debe elegir? Bueno, depende de cuál sea su prioridad. Si tiene un presupuesto limitado y realmente quiere ahorrar dinero, lo mejor es abrir una cuenta de corretaje de descuento. Pero, si realmente quiere tener un asesor financiero, es una gran idea abrir una cuenta de corretaje de servicio completo.

## Comprender la declaración de su agente de bolsa

El extracto del corredor es un informe mensual que contiene las actividades de su cuenta de corretaje. Puede optar por recibir un extracto en papel, pero normalmente también puede consultarlo en línea. Merece la pena examinar su declaración cuidadosamente para poder detectar algún tipo de fraude. Cuando reciba su declaración de ingresos por primera vez, debe comprobar si tiene un aspecto profesional. Una declaración de aspecto poco profesional es una señal de alarma. Las empresas de corretaje legítimas invierten tiempo y esfuerzo en asegurarse de que sus informes tengan un aspecto pulido y profesional.

## Esto es lo que encontrará en la declaración de su corredor:

- Fecha del periodo del estado de **cuenta** - El estado de cuenta de un corredor informa de cómo va su inversión en un periodo de tiempo específico, normalmente un mes. Si no ves la fecha del periodo del extracto, es una señal de alarma.

- **Número de cuenta, nombre de la cuenta y dirección** - Obviamente, esto contiene el número de su cuenta de corretaje imponible, su nombre y su dirección actual. Preocúpese si esta información es incorrecta.

- **Información de contacto**: contiene la información de contacto de su corredor. Si no la ve en ninguna parte del extracto, la empresa de corretaje con la que está tratando puede ser dudosa.

- **Nombre de la empresa de** compensación - Contiene el nombre y el número de contacto de la empresa de compensación que mantiene sus inversiones. Las normas de la FINRA exigen que las empresas de corretaje incluyan esta información en sus extractos. Por lo tanto, alértese si no ve esto en ninguna parte de su estado de cuenta.

- **Resumen de la cuenta**: proporciona información sobre la evolución de su cuenta. Esto puede ayudarle a revisar y evaluar sus decisiones de inversión.

- **Tasas** - Cubre las tasas de transacción y de comisión que ha pagado dentro del periodo de tiempo.

- **Actividad de la cuenta** - Aquí puede ver las acciones que ha comprado o vendido dentro de ese periodo de tiempo.

- **Margen** - Si tiene una cuenta de margen, encontrará esta sección. Contiene la cantidad que ha tomado prestada para comprar acciones y otros valores.

**Detalle de la cartera** - Esta sección desglosa su inversión por tipo, como acciones, bonos o fondos de inversión.

## Resumen del capítulo 5

Una cuenta de corretaje, como su nombre indica, es una cuenta de inversión que se abre a través de una empresa de corretaje. Con esta cuenta puede comprar y vender acciones en el mercado de valores.

Una cuenta de corretaje puede contener diferentes tipos de valores, como acciones ordinarias, acciones preferentes, bonos, fondos de inversión, REIT, ETF y certificados de depósito.

Hay dos tipos principales de cuentas de corretaje: en efectivo y con margen. Si tiene una cuenta en efectivo, tiene que pagar todo en tiempo real. Una cuenta de margen, en cambio, le permite pedir dinero prestado a un corredor.

Hay dos tipos generales de corredores: de descuento y de servicio completo. Los corredores de descuento simplemente interactúan con usted en línea. Los corredores de servicio completo, en cambio, celebran reuniones presenciales con regularidad.

Si quiere ahorrar mucho dinero, lo mejor es abrir una cuenta de corretaje de descuento. Pero, si necesita orientación para elegir las acciones adecuadas, es una buena idea elegir una empresa de corretaje de servicio completo.

Tiene que examinar el estado de cuenta de su corredor cuidadosamente para detectar actividades fraudulentas o incoherencias.

En el próximo capítulo, aprenderá a leer las confirmaciones de las operaciones de su corredor.


## Inspiración #6

"El truco no consiste en aprender a confiar en sus sensaciones viscerales, sino en disciplinarse para ignorarlas. Mantenga sus acciones mientras la historia fundamental de la empresa no haya cambiado".
Peter Lynch

## Capítulo 6

### Cómo leer las confirmaciones de operaciones de su corredor

La SEC exige a todas las empresas de corretaje que proporcionen a sus clientes confirmaciones de operaciones de corretaje. Pero, ¿qué son y por qué es tan importante entenderlas?

### ¿Qué es la confirmación de la operación por parte del corredor?

Una vez que comience a operar a través de su corredor, recibirá una confirmación de la operación, que generalmente se le enviará por correo. Si ha optado por la opción sin papel, se le enviará en forma de documento PDF. Este documento se le entregará cada vez que su corredor compre o venda una acción en su nombre.

### Estas son las cosas que puede encontrar en su confirmación comercial:

- El nombre de la acción que ha negociado junto con su símbolo de cotización. (El símbolo del ticker es una abreviatura utilizada para identificar una acción. Por ejemplo, el símbolo de Facebook es FB, mientras que Amazon aparece como AMZN en NASDAQ. )
- El total de acciones que ha comprado o vendido en esa transacción
- El precio por acción
- Comisión pagada a su corredor
- La fecha de la transacción
- El valor bruto total de la transacción. (¿Cuánto pagó o ganó durante esta transacción?)
- El valor neto de la transacción. (¿Cuánto pagó o ganó después de los gastos de comisión? )
- Su número de cuenta
- El tipo de orden que utilizó. ¿Hizo una orden de mercado o una orden limitada?

Debe mirar con atención las confirmaciones de sus operaciones. De este modo, sabrá si su corredor ejecutó las órdenes de acuerdo con sus instrucciones. Póngase en contacto con su broker de inmediato si cree que hay algún tipo de error.

Sus confirmaciones de operaciones pueden ser útiles a la hora de declarar sus impuestos. Por este motivo, debe conservar siempre la copia original de sus confirmaciones de operaciones.

## Resumen del capítulo 6

Cada vez que quiera comprar o vender una acción, recibirá una confirmación de la operación por correo.

La confirmación de la operación suele incluir información sobre el nombre de la acción y su símbolo, el precio por acción, el número total de acciones negociadas, el pago de comisiones, los detalles de la cuenta, el valor neto de la operación y el tipo de orden realizada.

Tiene que examinarlo cuidadosamente para asegurarse de que su corredor ejecutó su orden de forma impecable.

También debe guardar copias de sus confirmaciones de operaciones porque las necesitará cuando declare sus impuestos.

En el próximo capítulo, hablaremos de los diferentes tipos de operaciones que puede realizar con su corredor.

## Inspiración #7

"Apuesta por un negocio que cualquier idiota pueda dirigir, porque tarde o temprano cualquier idiota probablemente lo dirigirá".
Peter Lynch

## Por favor, revise este libro

Si la lectura de este libro le ha servido de algo, tenga la amabilidad de publicar una reseña para hacérnoslo saber. Sólo le llevará un minuto de su tiempo. Muchas gracias.

## Capítulo 7

### Tipos de operaciones que puede realizar con su corredor

Una vez que haya depositado el dinero de su cuenta de corretaje, ya está listo para comprar y vender acciones. Para ello, tiene que cursar una orden a su agente de bolsa. Hay muchos tipos de órdenes, como las órdenes de mercado, las órdenes limitadas, las órdenes stop, las órdenes stop-limit, las órdenes diarias y las órdenes trailing stop. Repasemos cada una de ellas.

### Órdenes de mercado

Una orden de mercado es una solicitud de compra o venta de una acción a su precio de mercado actual. Es la orden bursátil más estándar y debe ejecutarse de inmediato.

Por ejemplo, cuando usted coloca una orden de mercado para comprar 100 acciones de la empresa H al precio actual, su corredor tiene que ejecutar la orden de inmediato. Mientras haya alguien dispuesto a vender acciones de la empresa H, su orden de compra se ejecutará de inmediato.

Supongamos que usted posee cincuenta acciones de la empresa M y que su precio está bajando lentamente, por lo que decide venderlas. Entonces coloca una orden de venta a mercado. Su orden se ejecutará de inmediato, siempre que haya alguien dispuesto a comprar acciones de la empresa M.

Una cosa que tiene que recordar cuando está colocando una orden de mercado es que no puede controlar cuánto se paga por una acción. Son varios los factores y actores bursátiles que determinan el precio de la bolsa.

### Órdenes limitadas

Una orden limitada es una orden para comprar o vender un valor a un precio específico durante un período de tiempo determinado.

Supongamos que usted posee 100 acciones de la empresa C que actualmente están valoradas en 100 dólares. En este momento, su posición está valorada en 10.000 dólares. Para maximizar su beneficio, decide una orden limitada para vender cincuenta acciones cuando el precio de la acción suba a 185 dólares. A continuación, coloca otra orden limitada para vender el resto de sus acciones cuando el precio de las mismas aumente a 220 dólares.  Si las acciones alcanzan el precio deseado, obtendrá un beneficio total de 10.250 dólares por la inversión.

Si el precio de las acciones alcanzara los 185 dólares, pero no llegara a los 220, seguiría obteniendo un beneficio de 4.250 dólares y se quedaría con cincuenta acciones de la empresa C.

Supongamos que quiere comprar 100 acciones de la empresa X. Su precio actual es de 100 dólares cada una. Usted investigó a fondo y descubrió que la única manera de maximizar el beneficio de su inversión es comprar las acciones a 50 dólares cada una. Así que coloca una orden de compra limitada a 50 dólares. Así, su agente de bolsa compra las acciones por usted una vez que alcanza los 50 dólares o menos. Si el precio de las acciones no baja a 50 dólares en una fecha determinada, su orden expira y no se ejecuta.

Una de las mejores cosas de una orden limitada es que maximiza su beneficio y también controla sus pérdidas. También es una gran técnica para usar si quiere "comprar bajo y vender alto". "

### Órdenes de todo o nada

Un AON es una orden que debe ser ejecutada en su totalidad o no ejecutada.

Supongamos que quiere comprar 1000 acciones de la empresa W, pero sólo hay 500 acciones disponibles en el mercado. Su orden AON no se ejecuta a menos que haya 1000 acciones disponibles en la bolsa. Esta orden está activa hasta que se ejecuta o se cancela.

### Órdenes de detención

Las órdenes de stop también se conocen como "órdenes de stop-loss". "Se trata de una orden para vender o comprar una acción una vez que alcance un precio específico (también llamado "precio tope"). Está diseñada para limitar y gestionar sus pérdidas.

Supongamos que Katya posee diez acciones de la empresa V, que actualmente están valoradas en 50 dólares cada una. Supongamos que el precio de las acciones empieza a bajar y Katya está de vacaciones, explorando una exótica isla europea. Por suerte, ha establecido una orden de stop-loss de 40 dólares. Así que, una vez que las acciones bajen a 40 dólares, el corredor las vende.

Las órdenes de stop son diferentes de las órdenes de límite. Las órdenes limitadas se hacen para maximizar los beneficios, mientras que las órdenes stop se hacen para minimizar las pérdidas.

### Órdenes limitadas de parada

Una orden stop-limit combina una orden limitada y una orden stop-limit. Para ello, tiene que introducir dos precios: un precio límite y un precio tope. Cuando el mercado alcanza el precio de stop, la orden se convierte en una orden limitada.

Por ejemplo, las acciones de la empresa G están actualmente valoradas en 50 dólares y con tendencia al alza. Usted quiere aprovechar esta tendencia y, al mismo tiempo, intentar maximizar sus beneficios. Por lo tanto, coloca una orden de compra con su agente de bolsa y le pide que empiece a comprar acciones de la empresa G cuando alcancen los 55 dólares por unidad, pero que deje de comprar cuando el precio llegue a los 57 dólares.

En este ejemplo, el precio tope se fijó en 55 dólares y el precio límite se fijó en 57 dólares. Cuando se coloca una orden tope-límite, el "precio tope" inicia una acción (ya sea para comprar o vender una acción) y el "precio límite" detiene la orden.

Una orden stop-limit está diseñada para ayudar a limitar sus pérdidas.

## Venta en corto y "órdenes de compra para cubrir"

Como se ha comentado anteriormente en este libro, la venta en corto es el acto de vender una acción prestada en previsión de una disminución del precio de la acción. Una vez que el precio de las acciones disminuye, se realiza una "compra para cubrir" para cubrir y devolver las acciones prestadas.

Supongamos que un inversor llamado Caleb se enteró de que la empresa H estaba realizando malas prácticas empresariales y que pronto se iba a descubrir. Este secreto se mantuvo oculto al público, por lo que las acciones de la empresa seguían teniendo un gran rendimiento en la bolsa. De hecho, una acción de la empresa H costaba 200 dólares.

Así que Caleb llamó a su corredor de bolsa y realizó una operación en corto de diez acciones de la empresa H. Su corredor tomó diez acciones de su reserva de acciones y las vendió por 200 dólares cada una. A continuación, colocó los ingresos de 2000 dólares en la cuenta de corretaje de Caleb.

Al cabo de una semana, se hicieron públicas las malas artes de la empresa H y el precio de sus acciones bajó a 40 dólares. Caleb entonces hizo una orden de "compra para cubrir" de diez acciones. El corredor compró diez acciones por 40 dólares cada una (utilizando el dinero de la cuenta de corretaje de Caleb). Luego devolvió esas acciones a su cartera. Por esta transacción, Caleb obtuvo 1600 dólares de beneficio (menos una suma nominal pagada a su corredor por las molestias).

Una de las mayores ventajas de esta estrategia es que no conlleva costes iniciales.

## Orden del día

Una orden diaria, como su nombre indica, es una orden para comprar o vender acciones en cualquier momento del día de negociación. Esta orden caduca automáticamente si no se ejecuta en el día.

Así pues, digamos que usted ha colocado una orden diurna para comprar una acción de la empresa W cuando el precio bajó a 10 dólares, pero nunca llegó a ese precio, por lo que la orden expiró automáticamente cuando la bolsa cerró a las 16:00 horas.

## Negociación ampliada fuera de horario

Una bolsa de valores suele abrir a las 9:00 y cerrar a las 16:30, pero existe la negociación "fuera de horario". Se realiza después del cierre de la bolsa, y suele hacerse a través de la ECN o Red de Comunicación Electrónica. Puede seguir negociando a través de ECN desde las 16:15 hasta las 20:00.

También puede negociar a través de ECN 100 minutos antes de la apertura de la bolsa, desde las 8:00 hasta las 9:15.

La negociación prolongada fuera de horario le ayuda a aprovechar la volatilidad del mercado o algunas noticias que se produjeron después del horario de la bolsa.

Por ejemplo, Jared posee 100 acciones de la empresa G valoradas en 100 dólares cada una, pero a las 16:00 horas vio la noticia de que el director general de la empresa había sido acusado de fraude. Inmediatamente se conectó a su cuenta y colocó una orden de mercado para vender sus 100 acciones al precio de mercado actual. Menos mal que lo hizo porque al día siguiente, a las 9:00 de la mañana, el precio de las acciones ya había bajado a 50 dólares. Jared habría perdido la mitad de su dinero.

## Orden GTC

GTC significa **"bueno hasta que se cancele"**. Una orden GTC está activa hasta que es cancelada manualmente por el inversor.

Digamos que usted quiere comprar una acción de la empresa R a 20 dólares, pero su precio actual es de 80 dólares. Entonces, usted coloca una orden limitada GTC para comprar una acción si su precio va a bajar a 20 dólares. Esta orden va a estar activa (incluso después de unos años) a menos que la cancele.

## Órdenes de stop dinámico

Una orden trailing stop es un animal complicado, pero no se preocupe. Se lo explicaré de la manera más fácil que puedo.

La orden trailing stop es la forma más avanzada de la "orden de stop" y tiene un "importe final". "

Una orden de stop de venta tiene un precio de stop por debajo de su precio de mercado actual con un importe de arrastre específico. Suena complicado, ¿verdad? Bien, para ilustrar este punto, digamos que Carly posee una acción de la empresa S valorada en 400 dólares cuando la compró. Su precio stop de venta está fijado en 800 dólares.

Cuando las acciones alcanzan finalmente los 800 dólares, Carly ya está preparada para vender su acción, pero la empresa S está funcionando realmente bien y no quiere perder la oportunidad de obtener más beneficios. Así que coloca un trailing stop de 40 dólares. Este sigue el precio de las acciones al alza. Pero, si las acciones caen 40 dólares, el corredor vende las acciones de Carly. Digamos que después de que la acción alcanzó el límite de 800 dólares, el precio de la acción siguió subiendo. Al cabo de unos días, alcanzó los 1.200 dólares. Pero tres días después, cayó a 1.160 dólares. Entonces, esta es la señal para que el agente de Carly venda las acciones.

La siguiente tabla le ayudará a entender este concepto:

| Cartera de acciones de Carly | | |
|---|---|---|
| Fecha | Precio de las acciones | Acción |
| 1 de agosto | $400 | Carly compró la acción y colocó una orden de venta limitada a 800 dólares con un importe final de 40 dólares. |
| 2 de agosto | $450 | |
| 17 de agosto | $800 | Alcanzado el límite de parada |
| 18 de agosto | $950 | |
| 19 de agosto | $1200 | |
| 20 de agosto | $1190 | |
| 21 de agosto | $1180 | |
| 22 de agosto | $1160 | El precio de las acciones cayó 40 dólares desde su precio máximo de 1.200 dólares, por lo que el corredor vende las acciones para maximizar los beneficios de Carly |

## Pedidos entre corchetes

Las órdenes de horquillado están diseñadas para bloquear sus ganancias y limitar sus pérdidas mediante el horquillado de las órdenes. Son básicamente tres órdenes agrupadas en una. Esta orden le permite entrar en una posición con un objetivo y un stop loss.

Recuerde que las órdenes con corchetes son órdenes limitadas, por lo que debe establecer un precio límite, un precio de parada y un precio objetivo. También puede establecer un importe de stop loss final.

Lo mejor de esta orden es que ayuda a reducir el riesgo y minimizar las pérdidas.

## Cómo hacer y cancelar un pedido

Para hacer un pedido, sólo tiene que rellenar un formulario de pedido. Tiene que especificar el importe de la orden y el tipo de orden. También debe establecer los precios límite o stop si está haciendo una orden stop o limitada.

Para cancelar el pedido, sólo tiene que entrar en su cuenta. Vaya a su pedido. Debería haber una opción para cancelar el pedido. Haga clic en ella y ya está.

## Resumen del capítulo 7

Hay diferentes operaciones que puede realizar con su corredor, como la orden limitada, la orden de mercado, la orden de stop, la orden de stop-límite y la orden de trailing stop.

Una orden de mercado es la orden más básica. Tiene que ser ejecutada inmediatamente al precio actual del mercado.

Una orden limitada es una orden para vender o comprar una acción a un precio determinado durante un periodo de tiempo determinado.

Una orden AON, u orden de todo o nada, tiene que cumplirse en su totalidad o no cumplirse en absoluto. De ahí su nombre.

Una orden de stop le ayuda a gestionar sus pérdidas. Es una orden para comprar o vender una acción una vez que alcanza un determinado precio llamado "precio tope". Es similar a una orden limitada, pero es diferente en el sentido de que las órdenes de stop minimizan las pérdidas, mientras que las órdenes limitadas maximizan los beneficios.

Una orden de compra para cubrir es una orden que suele utilizarse en las ventas en corto. Es una orden para comprar acciones para cubrir las que se tomaron prestadas durante una venta en corto.

Una orden diaria vence al final del día de negociación.

La bolsa cierra a las 16:00 horas, pero se puede seguir negociando a través de la red de comunicación electrónica, o ECN, durante el horario ampliado de negociación: de 16:15 a 20:00 horas y de 8:00 a 9:15 horas.

GTC significa "good 'till canceled". Esta orden permanece activa hasta que el inversor la cancele.

Una orden trailing stop le ayuda a especificar la cantidad de beneficios que está dispuesto a dejar pasar.

Una orden entre corchetes agrupa tres órdenes.

Tiene que rellenar un formulario para hacer un pedido.

Para cancelar una orden, tiene que entrar en su cuenta, ir a la orden y hacer clic en cancelar. Este proceso varía según el tipo de cuenta de corretaje que utilices.

En el próximo capítulo, hablaremos del proceso de investigación y de cómo puede utilizar el análisis macroeconómico y microeconómico para tomar decisiones de inversión acertadas.

## Capítulo 8

### Cómo buscar acciones para comprar

No se puede ir a la guerra sin un arma. No puede comprar una acción sin más; debe hacer una investigación exhaustiva. Debe aprender a ser su propio analista de valores. Esto le ayudará a tomar decisiones de inversión sabias y sólidas.

Para realizar un estudio exhaustivo de las acciones, hay que aplicar dos métodos utilizados en economía: el análisis microeconómico y el análisis macroeconómico.

### Análisis macroeconómico

Como ya se ha comentado en este libro, las fuerzas económicas (como la ley de la oferta y la demanda) afectan a los precios de las acciones. Por lo tanto, antes de invertir en una acción, hay que utilizar un enfoque de investigación global descendente. Debe observar las tendencias globales. Debe observar el panorama general.

En el momento de escribir este artículo, Airbnb aún no es una empresa pública, pero a efectos de debate, vamos a suponer que lo es. Muchas ciudades de Europa y Estados Unidos han prohibido Airbnb, pero sigue creciendo en varias ciudades del mundo. De hecho, puede encontrar muchas ofertas de Airbnb en Bali, Malasia, Singapur, Zúrich, Mykonos y Faro. Además, todavía tiene varios mercados sin explotar. Si observa el panorama general, verá que Airbnb sigue siendo una gran inversión por su enorme potencial de crecimiento.

Además de observar la visión global de la empresa, también hay que tener en cuenta otros factores, como:

### Tipos de interés

Cuando el tipo de interés es alto, a las empresas y a los particulares les resulta más costoso pagar sus deudas. Esto disminuye su renta disponible y su gasto. Esto también afecta a los ingresos de las empresas y puede hacer caer los precios de las acciones.

Pero, cuando un país tiene un tipo de interés bajo, la gente tiene más renta disponible. Acabarán comprando más cosas. Esto podría conducir a un aumento de los precios de las acciones.

Sin embargo, hay que tener en cuenta que la subida de los tipos de interés puede beneficiar a determinados sectores, como el financiero: bancos, compañías hipotecarias, empresas de préstamos y compañías de seguros.

## La naturaleza cíclica de una industria

Antes de comprar las acciones de una empresa, hay que determinar si esa empresa pertenece a un sector cíclico.

Los sectores cíclicos, como la industria del automóvil y la construcción, son sensibles a los altibajos de la economía. Cuando la economía va bien, sus precios suben, pero bajan cuando hay recesión.

Trate de evitar invertir en empresas de sectores cíclicos (a menos que sea muy bueno en la sincronización de sus inversiones). Le conviene invertir en una acción que pueda resistir los reveses económicos.

## Índice bursátil

Como ya se ha dicho, un índice sigue el rendimiento de los líderes del mercado. Así que, en esencia, refleja la salud general del mercado de valores. Si un índice presenta una tendencia al alza, significa que los actores del mercado de valores son un poco optimistas y que puede estar produciéndose un mercadoalcista.

## Investigación en el sector

Supongamos que quiere invertir en marcas de lujo como Louis Vuitton (LVMH) o YSL. Antes de hacerlo, debe examinar la salud general de ese sector.

Si se mira con atención, se puede descubrir que a las marcas de lujo no les va tan bien como antes debido a las tiendas online y a los productos fabricados en China.

## Análisis microeconómico

Cuando se hace un análisis macroeconómico, se observa la economía y el sector, pero hay que entender que el análisis microeconómico utiliza un enfoque "ascendente". Esto significa que hay que hacer una amplia investigación de la empresa.

Hay que investigar los diferentes aspectos de la empresa, como:

**El producto de la empresa** - ¿Es bueno el producto? ¿Tiene clientes fieles? ¿El producto va a ser relevante dentro de diez años? Supongamos que una tienda de música vende sus existencias. ¿Compraría usted? Seamos sinceros: ya nadie compra CDs. Nos descargamos la música de Internet o consultamos YouTube. La tecnología cambia por momentos. Un producto muy utilizado puede resultar irrelevante e innecesario en los próximos años. Solo hay que ver lo que pasó con los disquetes.

**Ventas e ingresos** - ¿Está ganando dinero la empresa? ¿Sus productos van bien en el mercado?

**Relación entre deuda y capital** - ¿La deuda de la empresa es mayor que su capital? Si es así, debe correr lo más rápido posible.

**Relación P/E** - Si la empresa tiene una relación P/E elevada, significa que tiene un alto potencial de crecimiento. Sin embargo, también significa que la acción está sobrevalorada. Una relación P/E baja significa que la empresa tiene un bajo potencial de crecimiento, pero también significa que está sobrevalorada. Si le gusta invertir en crecimiento, elija una empresa con una relación P/E alta. Pero si lo que le interesa es la inversión en valor, debe elegir una empresa con una relación P/E baja.

**Beneficios por acción (BPA)** - Una empresa con un elevado BPA lo está haciendo realmente bien. Es rentable. Por lo tanto, suponiendo que otros factores sean correctos (por ejemplo, que no esté utilizando una gran cantidad de deuda insostenible para generar los beneficios), es una buena idea invertir en una empresa con un elevado BPA.

**Gestión de la empresa** - ¿Confía en las personas que dirigen la empresa? ¿Realizan prácticas empresariales poco éticas? Si no confías en las personas que dirigen la empresa, evítala a toda costa.

Además, asegúrese de que los beneficios de la empresa han tenido una tendencia al alza al menos en los últimos cinco años.

## Resumen del capítulo 8

Debe realizar una investigación exhaustiva para determinar si una acción es una buena inversión. Para ello, debe utilizar dos métodos: el análisis macroeconómico y el análisis microeconómico.

Para *ello*, primero debe observar las tendencias mundiales. ¿Son las tendencias mundiales favorables a la acción que está comprando?

También hay que fijarse en los tipos de interés. Los tipos de interés más altos suelen hacer bajar los precios de las acciones.

No invierta en una empresa que pertenezca a un sector cíclico. Los sectores cíclicos son susceptibles de sufrir cambios en la economía.

El análisis microeconómico implica una amplia investigación de la empresa. Hay que examinar la cuenta de resultados de la empresa. ¿Está la empresa obteniendo beneficios? También debe examinar los productos de la empresa. ¿Están funcionando bien en el mercado?

En el próximo capítulo hablaremos de las señales que indican que una acción es una buena inversión.

## Inspiración #9

"La cualidad más importante para un inversor es el temperamento, no el intelecto. Se necesita un temperamento que no obtenga un gran placer de estar con la multitud o en contra de la multitud. "
Warren Buffett

## Por favor, revise este libro

Si la lectura de este libro le ha servido de algo, tenga la amabilidad de publicar una reseña para hacérnoslo saber. Sólo le llevará un minuto de su tiempo. Muchas gracias.

## Capítulo 9

### Señales de que una acción es una buena inversión a largo plazo

Le sorprendería saber que la mayoría de las personas extremadamente ricas tienen cuentas de corretaje sujetas a impuestos. Como ya hemos comentado en este libro, si quiere invertir grandes cantidades de dinero y ser un inversor de éxito, tiene que abrir una cuenta de corretaje sujeta a impuestos.

Una empresa es rentable cuando sus ingresos son superiores a sus gastos y deudas. Para ilustrar este punto, veamos la historia de Miranda. Apasionada por la moda, decidió crear su propia empresa de bolsos.

Miranda puso en marcha su empresa con sólo 70.000 dólares. Esto cubría prácticamente todos sus gastos. Operaba su negocio en línea, por lo que no tenía muchos costes fijos. No pidió ningún préstamo al banco. En su primer año, su empresa ganó 150.000 dólares. Esto significa que tuvo un beneficio de 80.000 dólares (ingresos menos gastos).

Veamos ahora la historia de Mark. Tenía una empresa de autobuses turísticos que operaba en la Patagonia argentina. En un año, gastó un total de 10 millones de dólares, la mitad de los cuales fueron prestados por el banco.

Por desgracia, ese año hubo menos turistas y sólo ganó 8 millones de dólares. Esto significa que sus gastos fueron mayores que sus ingresos, y no estaba obteniendo ningún beneficio.

Ahora bien, si usted fuera un inversor, ¿en qué empresa invertiría? Si se fijara sólo en los ingresos, vería que los ingresos de Mark eran muy superiores a los de Miranda, pero ésta obtenía beneficios. En cambio, Mark tenía pérdidas. Además, el sector turístico puede ser un poco cíclico, ya que el turismo parece alcanzar su punto álgido durante los periodos estivales/festivos, mientras que las malas ventas pueden ser constantes durante todo el año. En igualdad de condiciones, un inversor inteligente elegiría invertir en la empresa de Miranda.

Entonces, ¿cómo saber si una acción es una buena inversión? Bueno, hay que buscar estas señales:

### Alto rendimiento del capital con poco o ningún apalancamiento

El apalancamiento es un término técnico para referirse al capital prestado. Cuando se busca una empresa en la que invertir, hay que elegir una empresa que genere un alto rendimiento del capital con un apalancamiento mínimo.

Esto significa que tiene que elegir una empresa rentable con una deuda extremadamente baja. No querrás invertir en una empresa que esté enterrada en deudas, especialmente las insostenibles.

## Ventaja competitiva

Supongamos que quiere invertir en el sector de los servicios de entrega de alimentos ecológicos. Cree que es la mejor opción.

La empresa Z y la empresa A se dedican al servicio de entrega de alimentos ecológicos, pero los ingredientes de la empresa A proceden de una granja de terceros, mientras que la empresa Z tiene su propia granja.

En este escenario, la empresa Z tiene una ventaja competitiva porque su coste de producción es menor y sus ingredientes son más frescos.

Para ganar a lo grande en la bolsa, hay que elegir una empresa cuyos productos tengan una ventaja competitiva. Puede ser que sus productos sean más baratos, más avanzados o simplemente más deliciosos.

También debería invertir en empresas con altos niveles de fidelidad a la marca. Por ejemplo, muchos clientes prefieren utilizar un iPhone aunque Huawei también fabrique productos de alta calidad. Fijémonos en eBay y Amazon. Son casi lo mismo. Ambos son grandes. Sin embargo, Amazon tiene más éxito que eBay porque ha creado algo llamado "obsesión por el cliente". "Ha creado una plataforma de compras que mantiene a los clientes obsesionados y con ganas de más.

Invertir en una empresa con un gran número de seguidores puede suponer una gran riqueza en el futuro.

## La empresa mantiene satisfechos a sus accionistas

Lamentablemente, muchas empresas mantienen a sus accionistas en la oscuridad sobre lo que realmente está sucediendo en la empresa. No hay más que ver lo que ocurrió con Theranos.

Para no perder su dinero, debe invertir en una empresa que anteponga el interés de sus accionistas al de sus empleados, proveedores e incluso clientes.

Usted querrá invertir en una empresa con un equipo directivo que tenga en cuenta sus mejores intereses. No querrá invertir en una empresa con directivos que no tengan reparos en dilapidar los activos y recursos de la organización.

¿Cómo se puede saber si la dirección está del lado de los accionistas? Una forma de hacerlo es mirar el informe anual de los años anteriores. ¿Cómo de correctas fueron sus estimaciones? ¿Qué promesas se hicieron? ¿Se cumplieron las promesas? ¿En qué medida fueron honestos y transparentes con respecto a los asuntos en curso? etc.

## La empresa tiene un balance sólido

La economía experimenta un ciclo de altibajos de vez en cuando. A veces, la economía es buena. A veces, es mala. Para minimizar el riesgo y maximizar sus beneficios, tiene que invertir en una empresa que pueda soportar condiciones económicas difíciles.

Pero, ¿cómo se determina la salud financiera de una empresa? Pues hay que mirar su balance. Debería invertir en una empresa con un elevado capital social. Esto significa que sus ganancias son mucho más que sus deudas.

Elija una empresa con ingresos elevados, fondos propios altos, gastos y deudas bajos. Las empresas con este tipo de perfil suelen tener un balance muy sólido.

## Mire la capitalización bursátil de la empresa

La capitalización bursátil o market cap es el valor total en dólares del mercado de todas las acciones en circulación de la empresa. Se calcula como:

Capitalización bursátil = Acciones en circulación de la empresa x Precio de mercado actual

Muchos nuevos inversores se fijan en el precio de las acciones para medir el valor de una empresa, pero esto es un error. El precio de las acciones no es suficiente. Para determinar el verdadero valor de la empresa, hay que fijarse en su capitalización bursátil.

Veamos a IBM y Microsoft como ejemplo. En febrero de 2019, el precio de las acciones de IBM está en 136,99 dólares, mientras que las de Microsoft están fijadas en 107,01 dólares. Si solo miras el precio, pensarás que IBM es más valiosa. Sin embargo, Microsoft tiene una capitalización de mercado de unos 800.000 millones de dólares, mientras que IBM tiene una capitalización de mercado de más o menos 130.000 millones de dólares. La capitalización bursátil ayuda a tener una imagen más clara en lo que respecta a la valoración.

Además de la capitalización bursátil, hay que tener en cuenta el valor de la empresa (EV). El VE se calcula como:

VE = Valor de mercado + Capital social preferente + Deuda + Intereses - Efectivo e inversiones

Esta métrica suele ser utilizada por los inversores que quieren adquirir una determinada empresa. Pero no basta con fijarse sólo en la capitalización bursátil de una empresa. También hay que mirar la capitalización de mercado y el valor de la empresa en relación con sus ingresos netos (ingresos - deudas y gastos). Es conveniente que ambas cifras estén lo más cerca posible. ¿Por qué? Bueno, lo más sensato es invertir en una empresa con un valor razonable. No sólo quiere invertir en una empresa que sea enorme en términos de capitalización bursátil, sino que también quiere asegurarse de que esa empresa está ganando dinero y goza de una gran salud financiera.

## Las mejores acciones para invertir a largo plazo

A lo largo de este libro, hemos hablado de los muchos aspectos que hay que tener en cuenta a la hora de elegir las acciones adecuadas para una inversión a largo plazo. No sólo debe elegir una acción con una fuerte capitalización de mercado, sino que también debe elegir una empresa que produzca y venda marcas fuertes y establecidas. ¿Por qué? Bueno, estas empresas suelen tener una ventaja competitiva y es más probable que sobrevivan a tiempos económicos difíciles.

## Una lista de empresas potencialmente buenas para invertir a largo plazo

### Starbucks Corporation (SBUX)

En Estados Unidos, es probable que vea una tienda Starbucks en cada esquina. Por lo tanto, se podría pensar que ha alcanzado su meseta de crecimiento, pero eso no es cierto en absoluto. De hecho, Starbucks tiene muchas oportunidades de crecimiento en el extranjero, especialmente en Asia. Muchos expertos en fondos de cobertura, incluido Bill Ackman, piensan que Starbucks sigue siendo uno de los mejores valores para invertir.

### Nike (NKE)

Todos sabemos que Nike es una de las mayores marcas de calzado del mundo. La marca está valorada en 29.000 millones de dólares. Está en plena forma. De hecho, los ingresos de la empresa han pasado de 16.000 millones de dólares a 24.000 millones en sólo cinco años.

Pero Nike tiene una cuota de mercado del 19% en el mercado del calzado al por menor. Así que, sin duda, es una gran inversión a largo plazo.

Y, si invirtió 2.000 dólares en acciones de Nike hace diez años, hoy tendrá unos 12.310 dólares.

### FedEx (FDX)

FedEx es una de las mayores empresas de servicios de mensajería del mundo. El crecimiento masivo de las compras en línea ha aumentado enormemente la demanda de los servicios de envío de esta empresa, y como resultado, el precio de sus acciones ha aumentado más del 65% desde 2015 hasta 2018. Sin duda, es una empresa que hay que explorar más a fondo.

### Costco (COST)

Como todos sabemos, Costco es uno de los clubes de compras por membresía más populares. En Costco se puede comprar prácticamente cualquier cosa: joyas de moda, flores frescas, sofás, televisores de pantalla plana, relojes, aspiradoras y medicamentos con receta.

Costco tiene alrededor de 760 sucursales en todo el mundo a partir de 2018, y tiene más de noventa y cuatro millones de miembros.

¿Y qué más? Los beneficios de Costco han crecido a lo largo de los años y se prevé un mayor crecimiento de cara a 2020. La empresa tiene previstos veinte nuevos almacenes para 2019 y también está entrando en el mercado chino.

Además, la empresa también vende artículos *de primera necesidad* de bajo valor, lo que debería ayudar a reducir el impacto negativo en sus ganancias durante los periodos de debilidad económica.

### Coca-Cola (NYSE: KO)

La Coca-Cola fue inventada en 1886 por un farmacéutico llamado John Pemberton, que murió dos años después. Su socio, Frank Robinson, se esforzó por comercializar este invento, pero no tuvo éxito.

Tras la muerte de Pemberton, Asa Griggs Candler rescató el negocio y, aunque parezca mentira, la Coca-Cola se comercializó en su día como medicamento y remedio para el dolor de cabeza y la fatiga.

Pero, hoy en día, Coca-Cola Company es uno de los mayores fabricantes de refrescos del mundo. No es el refresco número uno en Estados Unidos, pero le va muy bien en el extranjero.

### Procter & Gamble (NYSE: PG)

Procter & Gamble es una de las mayores empresas del mundo y cuenta con numerosas marcas domésticas, como Head & Shoulders, Tide, Olay, Ariel Detergent Powder, Joy, Safeguard, Pampers, Downy, Pantene, etc.

Procter & Gamble tiene una rentabilidad por dividendo del 3%, y tiene una baja relación P/E. Esto significa que sus acciones pueden estar infravaloradas. Es una gran oportunidad para multiplicar su inversión con el tiempo.

### Netflix (NASDAQ: NFLX)

¿Recuerda cuando el cable mató al VHS? Pues bien, Netflix está a punto de matar la televisión por cable. Esta empresa de servicios de streaming ha crecido en los últimos diez años. Su capitalización bursátil es ahora mayor que la de gigantes bursátiles como Disney y Comcast, pero todavía tiene mucho margen de crecimiento.

### General Motors Company (GM)

Si invirtió 2.000 dólares en acciones de General Motors en 2012, ya habría hecho crecer esa suma hasta los 4.400 dólares en noviembre de 2018. Mucha gente piensa que los días de gloria de General Motors ya han pasado. Eso no es del todo cierto.

GM recibió muchas críticas a finales de 2018 cuando la dirección anunció una importante reestructuración de sus operaciones en Norteamérica. Cinco fábricas se retirarán, ya que GM ha cambiado la producción de los coches de menor margen, como el Cruze y el Impala, por la de los camiones y los SUV de mayor margen.

GM se cobraría entre 3.000 y 3.800 millones de dólares de gastos iniciales para realizar estos cambios. A cambio, sin embargo, la empresa esperaba aumentar su flujo de caja anual hasta en 6.000 millones de dólares de aquí a 2020, lo que le daría más recursos para invertir en tecnologías de alto margen y de vanguardia en el futuro, y también más flexibilidad financiera para capear cualquier recesión que pudiera ser inminente.

Por eso creo que GM es una gran inversión a largo plazo. Aunque los costes iniciales pueden ser grandes, y las consecuencias políticas de los despidos desagradables, GM está haciendo movimientos estratégicos que impulsarán una mejor rentabilidad, así como una mayor resistencia cíclica.

## Lowe's Companies, Inc. (NYSE: LOW)

Lowe's Companies Inc. es la segunda empresa de mejoras para el hogar más grande del mundo, con más de 17 millones de clientes en Estados Unidos y México.
En los últimos años, Lowe's ha desarrollado una amplia gama de productos, como herramientas, materiales de construcción, productos de mantenimiento del hogar, pintura y decoración.

Lowe's tiene una rentabilidad por dividendo del 2,2%, y tiene una tasa de crecimiento de dividendos a cinco años de aproximadamente el 21%, lo que hace que sea una perspectiva atractiva para explorar más.

## Apple Inc. (NASDAQ: AAPL)

Apple es actualmente el tercer mayor productor de smartphones del mundo, junto a Samsung y Huawei. Pero, es claramente una de las empresas tecnológicas más potentes de Estados Unidos. Apple tiene una tasa de crecimiento de dividendos de aproximadamente el 33% en tres años y ofrece una rentabilidad por dividendo del 1,7%.

Si a ello se suma el hecho de que Apple es una de las empresas más innovadoras del mundo y cuenta con un sólido balance y una gran fidelidad a la marca, resulta un valor muy atractivo para la inversión a largo plazo.

## Resumen del capítulo 9

Para elegir las acciones adecuadas para invertir, hay que fijarse en la rentabilidad de la empresa.

También debe elegir una empresa que tenga una alta rentabilidad y una deuda baja o nula.

Elija una empresa cuyos productos tengan una fuerte ventaja competitiva. Conviene invertir en una empresa con altos índices de fidelidad de los clientes.

Elija una empresa que mantenga satisfechos a los accionistas.

También hay que mirar el balance de la empresa.

El siguiente capítulo habla de las estrategias de gestión de carteras más potentes que puede utilizar para gestionar su cartera de inversiones.

## Inspiración #10

"El secreto para tener éxito desde el punto de vista del comercio es tener una sed infatigable e insaciable de información y conocimiento. "
Paul Tudor Jones

## Capítulo 10

### Estrategias de gestión de carteras

No se puede confiar en la suerte. Para ganar a lo grande en la bolsa, hay que tener una estrategia. Debe utilizar la lógica y hacer una investigación exhaustiva. A continuación le presentamos las estrategias de gestión de carteras más potentes que puede utilizar para hacer crecer su dinero y sacar el máximo partido a su cartera de inversiones.

### Estrategia 1

#### No utilice sus emociones para tomar decisiones de inversión

Charlie es un experimentado inversor en bolsa y ha ganado mucho dinero en el pasado con sus inversiones en la industria manufacturera.

Tras varias décadas ganando en la bolsa, decidió invertir en acciones deportivas. Estudió diferentes valores deportivos, entre ellos Madison Square Garden Co. (MSG).

MSG es propietaria de cinco equipos deportivos profesionales, entre ellos los New York Knicks. El valor de sus acciones es un poco volátil y cambia con frecuencia, por lo que no es una buena inversión a largo plazo.

Pero Charlie es un fan acérrimo de los Knicks de Nueva York, así que invirtió en el MSG y acabó perdiendo mucho de su dinero ganado con esfuerzo.

Va a perder muchas oportunidades de inversión si deja que sus emociones le nublen el juicio. Debe ser extremadamente objetivo cuando decida en qué acciones invertir. Debe dejar de lado sus preferencias personales y mirar los números.

Puede apoyar a su equipo deportivo todo lo que quiera, pero no compre las acciones de un equipo que se tambalea sólo porque es un fanático acérrimo.

### Estrategia 2

#### Diversificación

Los sabios de Wall Street siempre dicen: "no pongas todos los huevos en la misma cesta". "¿Por qué? Bueno, si pierdes esa cesta, acabarás perdiendo todos tus huevos."

Debe repartir su riqueza. Por ejemplo, si tiene un presupuesto de inversión de 20.000 dólares, no lo gaste todo en acciones del FB. Compre diferentes acciones y otros valores. Puede invertir en algunas acciones y un poco en bonos y certificados de depósito.

Una de las formas más baratas y sencillas de diversificar su inversión es invertir en un fondo de inversión. También puede invertir en fondos cotizados, o ETF, y en fondos de inversión inmobiliaria, o REIT.

También es prudente invertir un poco de su dinero en fondos indexados. Los mejores fondos indexados, como el S&P 500, le permiten poseer un poco de las acciones de mayor rendimiento.

También debe seguir construyendo su cartera. Utilice los beneficios de sus inversiones para ampliar su cartera y comprar más valores.

## Estrategia 3

### Stop Losses

Lara posee 100 acciones de la empresa Y que compró a 600 dólares/acción. Al cabo de unos meses, el precio de las acciones subió a 800 $. Esto hizo que Lara obtuviera un beneficio de 2.000 $ (8.000 $ - 6.000 $).

Lara sintió que ya podía relajarse, así que se fue a un crucero de dos semanas por el Caribe. No comprobó su cuenta mientras estaba de vacaciones. Cuando regresó de sus vacaciones, se enteró de que el precio de las acciones de la empresa Y había bajado a 400 dólares. Acabó perdiendo un total de 2.000 dólares.

Para evitar que esto le ocurra, debe colocar una orden de límite o stop con su corredor para mantener sus pérdidas bajo control. Incluso puede colocar una orden trailing stop para poder especificar la cantidad de pérdidas que puede tolerar.

Puede detener sus pérdidas manualmente si no desea colocar una orden de detención. Para ello, tiene que supervisar diariamente el precio de sus inversiones. Cuando el precio de la acción comience a bajar, coloque una orden de venta a mercado con su corredor.

Para ganar constantemente en el comercio de acciones, hay que mantener las pérdidas lo más bajas posible.

## Estrategia 4

### Invertir en una empresa que paga dividendos

Muchos libros de "comercio de acciones para principiantes" le dirán que elija una empresa que pague dividendos. Y es un buen consejo. En la mayoría de los casos, el pago de dividendos es un indicio de que una empresa tiene una buena situación financiera. Además, es una buena fuente de ingresos regulares. ¿Quién no quiere recibir cheques por correo cada trimestre?

Sin embargo, debe recordar que la empresa puede suspender el pago de dividendos en cualquier momento. Las empresas que pagan dividendos suelen tener un ritmo de crecimiento lento porque no reinvierten sus beneficios en la expansión.

## Estrategia 5

### Activos no relacionados

Si quiere convertirse en un inversor de éxito, no basta con diversificar sus activos. También es conveniente invertir en activos no relacionados.

Veamos la historia de Tony y Noel para ilustrar este punto. Ambos son nuevos inversores y decidieron diversificar su cartera e invertir en diferentes valores.

Tony invirtió su dinero en diferentes empresas de redes sociales. Noel, por su parte, decidió llevar la diversificación al siguiente nivel. Invirtió en empresas no relacionadas. Invirtió un poco de su dinero en empresas tecnológicas, pero también invirtió un poco en la minería, la industria alimentaria y la industria petrolera.

Al cabo de unos años, el sector de las redes sociales se ralentizó y Tony acabó perdiendo la mayor parte de su dinero. Noel también invirtió en empresas de redes sociales, pero le sigue yendo bien porque sus inversiones están repartidas en diferentes sectores.

| EJEMPLO DE ACTIVOS NO CORRELACIONADOS |
| --- |
| Empresa de oro frente a empresa petrolera |
| Empresa de medios sociales frente a empresa de oro |
| Empresa petrolera frente a inmobiliaria |

Invertir en valores no correlacionados reduce el riesgo. También le ayuda a maximizar su beneficio. Por ejemplo, si invierte todo su dinero en empresas de bolsos de lujo, perderá mucho dinero si eso se hunde.

## Estrategia 6

### Consideraciones fiscales

Es estupendo invertir en una cuenta de corretaje imponible porque no tiene límites. Naturalmente, está sujeta a impuestos. Sin embargo, para ahorrar dinero, también es una buena idea invertir en una cuenta con ventajas fiscales.

El plan 401(k), por ejemplo, es una cuenta con impuestos diferidos. Esto significa que no tiene que pagar impuestos por sus aportaciones por adelantado. Puede pagar los impuestos cuando alcance la edad de jubilación. En ese momento, ya está en un tramo impositivo más bajo. Esto le ahorrará mucho dinero.

La cuenta IRA Roth es otro plan con ventajas fiscales. Tiene que pagar impuestos por sus aportaciones a la Roth, pero cuando llegue a la edad de jubilación y decida retirar el dinero, obtendrá una devolución de impuestos. Básicamente está libre de impuestos.

Por lo tanto, aunque tenga una cuenta de corretaje sujeta a impuestos, lo mejor es invertir en una cuenta de jubilación, para poder aprovechar sus ventajas fiscales.

## Estrategia 7

### Reequilibrio y asignación de activos

Como se ha mencionado anteriormente, no ponga todos los huevos en la misma cesta. Esto significa que no sólo debe invertir en acciones, sino también en otros valores, como los bonos.
Así que, antes de empezar a construir su cartera, tiene que decidir cómo asignar su fondo de inversión. ¿Quiere que el 50% de su fondo de inversión se destine a bonos y el resto a acciones?

Supongamos que decide ir con una asignación de activos del 50-50, pero sus acciones tuvieron un buen rendimiento durante los últimos años, por lo que decidió vender algunos de sus bonos y comprar más acciones. Su asignación de activos puede cambiar a 70 (acciones) - 30 (bonos).

Cuando esto ocurre, debe reequilibrar su asignación de activos. Puede vender algunas de sus acciones y comprar más bonos. Esta estrategia puede ayudar a reducir sus pérdidas si hay una caída del mercado de valores.

## Estrategia 8

### Mantenga los costes al mínimo

Si tiene una cuenta de corretaje fiscal, recuerde que tiene que pagar gastos de transacción y comisiones por cada operación. La inversión a largo plazo puede ayudarle a ahorrar en las comisiones por transacción.

Supongamos que ha comprado una acción de la empresa S por 100 dólares. En lugar de vender sus acciones y volver a comprarlas cuando el precio suba o baje, déjelas en su cuenta. En su lugar, apunte a los beneficios a largo plazo. De este modo, obtendrá más beneficios por la revalorización del capital, y además se ahorrará los gastos de transacción.

No tenga miedo de mezclar y combinar diferentes estrategias de inversión para obtener unos beneficios óptimos y minimizar sus costes y pérdidas de inversión.

Y, por último, no mantenga sus acciones para siempre. La inversión a largo plazo es buena, pero debería vender sus acciones si el precio ya no tiene tendencia al alza. Esto puede evitar que pierdas más dinero.

Cuando el precio de una acción empiece a bajar, véndala mientras su precio actual siga siendo superior al de compra. De este modo, seguirás obteniendo un beneficio de la inversión.

## Resumen del capítulo 10

Con el tiempo, construirás una enorme cartera de inversiones a medida que vaya mejorando en el comercio de acciones y en la inversión bursátil.

Debe utilizar estrategias de gestión de carteras para hacer crecer su patrimonio y su cartera de inversiones.

No tome una decisión de inversión basada en las emociones. Utilice su cerebro, no su corazón.

Diversifique sus inversiones. Invierta en diferentes acciones y otros valores. Si puede permitirse comprar una propiedad inmobiliaria, hágalo también. La diversificación de las inversiones ayuda a reducir el riesgo.

Detenga sus pérdidas colocando órdenes de stop. Esto le ayudará a limitar sus pérdidas. También puede hacerlo manualmente. Venda sus acciones cuando note que el precio está bajando.

Invierta en empresas que pagan dividendos. Esto puede ser una gran fuente de ingresos. Además, las empresas que pagan dividendos suelen ser estables.

No retenga sus acciones durante demasiado tiempo. La inversión en acciones a largo plazo es buena, pero venda sus acciones cuando sea el momento adecuado.

Aproveche las cuentas que tienen ventajas fiscales. Estas cuentas pueden ahorrarle mucho dinero y además son fáciles de mantener.

# Glosario

## Plan 401k

El plan 401(k) es un fondo de jubilación patrocinado por la empresa. El empleado se compromete a depositar un porcentaje de sus ingresos en el fondo, y la empresa iguala cada dólar que el empleado ahorra.

## Órdenes de todo o nada

Una orden de todo o nada, o AON, es una orden que debe ejecutarse en su totalidad o no ejecutarse en absoluto. Por ejemplo, si usted coloca una orden para comprar 1.000 acciones de la empresa X a 5 dólares por acción, el corredor no puede ejecutar la orden si sólo hay 500 acciones disponibles.

## Anualidades

Una renta vitalicia es una inversión en la que los pagos/depósitos se realizan a intervalos iguales. Los depósitos mensuales regulares en una cuenta de ahorro y los pagos mensuales del seguro son ejemplos de rentas vitalicias.

## Mercado bajista

Se trata de una situación en la que los inversores son tan pesimistas que acaban vendiendo sus acciones. Esto disminuye la demanda de acciones.

## Bonos

Un bono es un título financiero que representa la deuda de una empresa. Los municipios, los estados, los gobiernos y las empresas utilizan los bonos para recaudar fondos. Los inversores ganan dinero de los bonos a través de los intereses.

## Cisne negro

Hace años, la gente creía que todos los cisnes eran blancos, hasta que vieron un cisne negro.
En finanzas e inversiones, un cisne negro es un acontecimiento que no ha ocurrido en el pasado, por lo que es difícil de predecir.

Un cisne negro tiene tres características:
- Es imprevisible.
- Tiene un impacto masivo en el mercado de valores o en la economía.
- Sólo se puede identificar un cisne negro después de que haya ocurrido.

Los inversores deben estar atentos a los cisnes negros, ya que estos acontecimientos suelen dar lugar a grandes oportunidades de inversión o a profundas pérdidas.

Hay una serie de cisnes negros que han aparecido en el pasado, como la invención de Internet, la caída de las empresas de Internet sobrevaloradas de 2000 a 2002, la crisis financiera de 2008, los atentados del 11 de septiembre y el Brexit.

## Pedidos entre corchetes

Una orden con corchetes está diseñada para limitar las pérdidas. Puede bloquear los beneficios mediante el bloqueo de una orden con un trailing stop, un objetivo de beneficios o un stop loss.

Las órdenes con corchetes tienen una estrategia de salida automatizada. Una vez que se cumple la condición deseada, se crea una orden para salir de la posición.

Las órdenes con corchetes son eficaces porque están automatizadas. También son flexibles. Puede añadir un corchete a toda su posición o sólo a una parte de ella. No está obligado a poner un corchete a todas sus acciones.

## Cuenta de corretaje

Una cuenta de corretaje es una cuenta de inversión que puede abrir a través de una empresa de corretaje autorizada. Una vez depositado el dinero en esa cuenta, puede empezar a comprar valores como acciones, fondos de inversión y bonos.

## Confirmación de operaciones de intermediación

La confirmación de la operación de corretaje es un documento que recibirá cuando empiece a comprar y vender acciones a través de su cuenta de corretaje.

## Mercado alcista

Se trata de una situación en la que los inversores son tan optimistas que compran acciones de forma agresiva. Esto aumenta la demanda de acciones frente a su oferta.

## Órdenes de compra para cubrir

Es una orden de compra que se utiliza para cerrar una posición corta. Se utiliza a menudo en las ventas en corto. Como su nombre indica, esta orden de compra se realiza para cubrir una posición corta o devolver las acciones prestadas durante una venta en corto.

## Capitalización

La capitalización es la suma de las acciones de una empresa, la deuda a largo plazo y los beneficios.

## Cuenta de corretaje de efectivo

Una cuenta de efectivo es un tipo de cuenta de corretaje en la que el inversor debe pagar todos los valores adquiridos en su totalidad. Los inversores suelen disponer de dos días para realizar el pago completo de los valores adquiridos.

## Acciones ordinarias

Las acciones ordinarias representan la propiedad de una empresa. Los accionistas comunes tienen derecho a votar sobre las políticas de la empresa y otros asuntos. Es una inversión arriesgada porque los accionistas ordinarios suelen estar en la parte inferior de la jerarquía de pagos. Esto significa que si una empresa se liquida, sólo recibirán su parte después de que se pague a los acreedores y a los accionistas preferentes.

## Compuesto

La capitalización es el proceso por el cual los beneficios de un activo, ya sea por ganancias de capital o por intereses, se reinvierten para generar ganancias adicionales a lo largo del tiempo. Este crecimiento, calculado mediante funciones exponenciales, se produce porque la inversión generará ganancias tanto de su principal inicial como de las ganancias acumuladas de períodos anteriores. La capitalización, por tanto, difiere del crecimiento lineal, en el que sólo el principal genera intereses cada periodo.

## Industria cíclica

Es una industria sensible a los ciclos económicos. Las empresas que pertenecen a estas industrias tienen unos ingresos elevados cuando la economía va bien y tienen unos ingresos increíblemente bajos cuando la economía va mal.

## Comercio de día

Se trata de una estrategia de inversión en acciones que consiste en comprar y vender acciones en el mismo día.

## Órdenes GTC

GTC significa "bueno hasta que se cancele". Esta orden expirará si no se cumple en una fecha determinada. Suele caducar en un plazo de treinta a sesenta días.

## Relación deuda/patrimonio neto

La relación entre la deuda y los fondos propios es una métrica utilizada para medir la salud financiera de una empresa.

Se calcula dividiendo la deuda de la empresa entre sus fondos propios. Cuando una empresa tiene un coeficiente de endeudamiento de 0,5, significa que la empresa tiene una deuda de cincuenta céntimos por cada dólar de fondos propios.

## Derivados

Los derivados son valores financieros. Su valor se deriva de un activo específico o de una cesta de activos, como tipos de interés, índices de mercado, divisas, materias primas, bonos y acciones.

## Plan de compra directa de acciones

Este plan de inversión le permite comprar acciones directamente a la empresa emisora. No tiene que pasar por un corredor de bolsa.

## Inversión en dividendos

Esta estrategia consiste en comprar acciones con pago de dividendos.

## Plan de reinversión de dividendos

El plan de reinversión de dividendos, o DRIP, es un plan de inversión que permite a los accionistas actuales la opción de reinvertir sus ganancias de dividendos.

Las acciones adquiridas a través del DRIP proceden de la reserva de la empresa y no se negocian a través de las bolsas. Por lo tanto, las operaciones realizadas a través del DRIP no tienen comisiones. Además, la mayoría de las acciones compradas a través del DRIP tienen descuento.

## Rendimiento de los dividendos

La rentabilidad de los dividendos es la relación entre el dividendo anual de una empresa y el precio de sus acciones. Suele ser un porcentaje. Para calcularlo, hay que dividir el dividendo anual de la empresa entre el precio de sus acciones.

Dividendo anual ÷ precio de la acción = rentabilidad del dividendo

## Promedio industrial Dow Jones (DJIA)

El Dow Jones Industrial Average (o simplemente el Dow) es un índice bursátil. Es una muestra de treinta empresas lo suficientemente grandes como para representar el sector en el que se encuentran. Entre estas empresas se encuentran IBM, Goldman Sachs, Coca-Cola, Home Depot, Intel, Verizon, Visa, McDonald's, Nike y Pfizer.

## Beneficios por acción (BPA)

El beneficio por acción es una de las medidas más populares de la rentabilidad de una empresa. Es el beneficio neto de la empresa dividido por el número de acciones en circulación. El BPA de la empresa es positivo si está obteniendo beneficios.

## ECN o Red de Comunicación Electrónica

ECN es un sistema computarizado en el que se pueden negociar acciones y otros valores. Este sistema es comúnmente utilizado por los operadores de divisas (FOREX).

## ETF

El fondo cotizado en bolsa o ETF es una cesta de activos financieros que cotiza como una acción común.

## Equidad

Es la diferencia entre el activo y el pasivo de una empresa. Digamos que la empresa H tiene un activo total de 100.000 dólares, pero tiene deudas por valor de 20.000 dólares. Por lo tanto, su patrimonio neto es de 80.000 $ (100.000 $ - 20.000 $).

## Euronext

Euronext es la mayor bolsa de valores de Europa. Es el producto de la fusión de las bolsas de París, Bruselas y Ámsterdam. También se fusionó con varias bolsas, entre ellas la de Nueva York.

## Parte fraccionaria

Una acción fraccionada es menos que una "acción completa". "Es el resultado de una división de acciones. Por ejemplo, si una acción de Apple cuesta 40 dólares, puede comprar un ¼ de acción fraccionada por 10 dólares.

## FINRA

La FINRA, o Autoridad Reguladora de la Industria Financiera, es una organización reguladora que gobierna y regula a las empresas, distribuidores, corredores y otros profesionales financieros. Administran los exámenes y las licencias.

## Inversión en crecimiento

Esta estrategia de inversión se centra en la capitalización bursátil. Los inversores en crecimiento invierten en empresas que esperan que crezcan exponencialmente con el tiempo.

## Índice

Un índice es una muestra estadística que mide la salud general de un sector o un mercado de valores. Los inversores utilizan los índices para tomar decisiones informadas y acertadas.

## Fondo de índice

Un fondo indexado es un fondo de inversión con una cartera de acciones que sigue un determinado índice bursátil, como el S&P's 500. Este tipo de inversión tiene una amplia exposición al mercado y suele ser barato.

## Oferta pública inicial u OPI

Es el proceso por el que pasan las empresas cuando ofrecen sus acciones al público por primera vez. También se llama "salir a bolsa".

## IRA

La IRA o cuenta de jubilación individual es una cuenta de inversión con ventajas fiscales que permite ahorrar para la jubilación.

## Órdenes limitadas

Una orden limitada es una orden para comprar o vender una acción a un precio específico. Una orden limitada de venta suele ejecutarse cuando la acción alcanza su precio límite. Por ejemplo, puede ordenar a su agente que venda una acción de su propiedad cuando su precio alcance los 50 dólares.

Una orden de compra limitada se ejecuta cuando la acción alcanza el precio límite (o inferior). Por ejemplo, puede pedir a su corredor que compre las acciones de una empresa cuando bajen a 10 dólares o menos.

## Análisis macroeconómico

Analiza el comportamiento, los resultados y la estructura de la economía en su conjunto. Suele abarcar el producto interior bruto (PIB) de una economía, el desempleo y las políticas. También examina la inflación, la deflación, la "ley de la oferta y la demanda" y las fuerzas económicas.

## Margen de seguridad

El margen de seguridad es la diferencia porcentual entre el precio actual de las acciones y el precio intrínseco de las mismas. Para calcularlo, hay que utilizar la siguiente fórmula:

Margen de seguridad = Precio actual de la acción/ Precio intrínseco de la acción

Una acción con un alto margen de seguridad puede proporcionarle un mayor beneficio de inversión porque su precio actual es significativamente inferior a su precio intrínseco.

## Market Cap (capitalización bursátil)

La capitalización bursátil o market cap es el valor total de mercado (en dólares) de las acciones en circulación de una empresa. Mide el valor de la empresa en el mercado.

La capitalización del mercado refleja cuánto están dispuestos a pagar los inversores por las acciones de una empresa. Por tanto, se utiliza para especular sobre el valor futuro de una empresa.

## Órdenes de mercado

Una orden de mercado es una orden de "compra o de venta" que debe ejecutarse inmediatamente al precio actual del mercado.

## Cuenta de corretaje con margen

Una cuenta de margen es un tipo de cuenta de corretaje que permite a los inversores pedir dinero prestado a sus corredores para pagar las acciones compradas. Las acciones compradas sirven de garantía para el préstamo.

## Análisis microeconómico

Analiza el comportamiento de las personas y las empresas, ayudando a los inversores a elegir los valores adecuados y a tomar decisiones de inversión acertadas.

## Fondos de inversión

Un fondo de inversión es un conjunto de dinero recogido de varios inversores individuales. Se invierte en diferentes tipos de valores, como acciones y bonos. Es lo mejor para las personas que quieren diversificar sus inversiones. Un profesional financiero gestiona este fondo.

## Índice compuesto del Nasdaq

Se trata de un índice basado en la capitalización de más de 3.300 valores que cotizan en el mercado de valores Nasdaq.

## Cotizaciones automatizadas de la Asociación Nacional de Agentes de Valores (Nasdaq)

Nasdaq es una bolsa de valores situada en Broadway, Nueva York. Es la segunda bolsa más grande del mundo (en términos de capital que genera).

## Bolsa de Nueva York (NYSE)

La Bolsa de Nueva York es el mayor mercado de valores del mundo (en términos de capitalización). Está situada en la emblemática Wall Street.

## Opción

Una opción es un contrato que da al beneficiario el derecho (pero no la obligación) de comprar o vender un activo conocido a un precio conocido en un momento predefinido.

Digamos que Nina y Joey tienen un acuerdo. Nina tiene un coche y Joey le pide que le ceda el derecho a comprar su coche por 20.000 dólares en sesenta días. Nina se compromete a no vender el coche a nadie en un mes y Bill le paga un 2%, es decir, 400 dólares, en concepto de reserva.

Joey no tiene que comprar el coche, pero tiene la opción de hacerlo. En este ejemplo, Bill es el comprador de la opción o el titular de la misma. Nina es la vendedora de la opción o la emisora de la opción.

## Comercio de opciones

La negociación de opciones es el acto de vender o comprar opciones.

## Mercado OTC

Se trata de un mercado descentralizado en el que las operaciones suelen realizarse a través de intermediarios. Los mercados OTC están poco regulados y son menos transparentes que las bolsas.

## Acciones en circulación

Las acciones en circulación son las acciones que una empresa ya ha emitido a los inversores. Es la suma de las acciones ordinarias, las preferentes y las de tesorería de una corporación.

## Ratio PEG

El ratio PEG o ratio "Precio/Beneficio/Crecimiento" se utiliza para determinar el posible valor real de una acción. Se calcula como:

Ratio Peg = Precio a beneficios/crecimiento anual del BPA

Un ratio PEG bajo significa que la acción está probablemente infravalorada. Las acciones con un ratio PEG alto están probablemente sobrevaloradas.

## Acciones de un centavo

Las acciones de centavo son acciones que se negocian por menos de 5 dólares. La mayoría de las acciones de penique no cotizan en las principales bolsas de valores. Estas acciones son muy volátiles, por lo que es mejor para los inversores que tienen una alta tolerancia al riesgo.

## Ratio P/E

El ratio P/E es el precio por acción dividido por los beneficios por acción. Si el ratio P/E es alto, significa que los inversores están dispuestos a pagar más por cada dólar de los beneficios de una empresa. Los valores con una relación P/E alta tienen un mayor potencial de crecimiento, pero esto no significa que una relación P/E alta sea siempre mejor. Al fin y al cabo, estos valores pueden estar sobrevalorados.

## Acciones preferentes

Una acción preferente es una acción que actúa como un bono. Suele llevar aparejado el pago de dividendos y es más cara que las acciones ordinarias. Los accionistas preferentes no tienen derecho a voto. Pero, en caso de que la empresa venda sus activos, deben ser pagados en su totalidad primero antes de que los accionistas comunes reciban su parte.

## Margen de beneficios

El margen de beneficio se calcula como:

$$\text{Margen de beneficio} = (\text{Ingresos} - \text{Gastos})/\text{Ingresos}$$

Las empresas con altos márgenes de beneficio suelen tener una enorme fidelidad a la marca, lo que les permite cobrar un precio elevado por sus productos. También son conocidas por mantener sus gastos bajo control, mientras que las empresas con márgenes de beneficio bajos tienen problemas de gestión de gastos.

## Recesión

En economía, la recesión se define por una disminución significativa de la actividad económica.

## Robo-advisor

Los robo-asesores son asesores financieros online/digitales. Gestionan las cuentas de los inversores con una mínima intervención humana. Pueden construir automáticamente una cartera diversificada para usted.

## S&P 500

El Standard & Poor's 500 es un índice bursátil estadounidense basado en las capitalizaciones de 500 empresas que cotizan en el NASDAQ y la Bolsa de Nueva York.

## Seguridad

Un valor es un activo financiero o de papel que puede ser negociado. Hay muchos tipos de valores, como los bonos, los billetes, las acciones, los swaps, las obligaciones y los futuros.

## Comisión del Mercado de Valores

La Comisión de Valores (o SEC) es una agencia federal que vela por el cumplimiento de las leyes de valores de Estados Unidos.

## Venta en corto

Se trata de la venta de una acción que el vendedor ha tomado prestada. Es exactamente lo contrario de "comprar barato, vender caro". "

## Stock

Una acción o un título es un valor. Representa una unidad de propiedad de una empresa. También es un vehículo de inversión. Muchos inversores compran y venden acciones para hacer crecer su dinero.

## Bolsa de Valores

Una bolsa de valores es el lugar donde los inversores compran y venden acciones.

## Mercado de valores

Un mercado de valores es un lugar donde la gente compra y vende acciones y otros valores. Su objetivo es ayudar a las empresas a conseguir dinero para sus negocios y dar a los inversores la oportunidad de hacer crecer su dinero mediante la inversión en acciones.

## Posición de las acciones

Es la cantidad de una acción o valor concreto que posee una entidad o una persona.

## Orden de detención

Una orden de stop (también conocida como orden de stop-loss) es una orden para vender o comprar una acción una vez que alcanza un precio específico llamado precio de stop. Esta estrategia se utiliza para minimizar las pérdidas, y es una técnica eficaz de gestión del riesgo de inversión.

## Precio tope

Un precio tope es un precio que genera una orden de mercado. Una vez que una acción alcanza el precio de parada, se crea una orden limitada.

## Producto estructurado

Un producto estructurado es una inversión pre empaquetada. Puede ser una sola acción o una cesta de productos de inversión, como acciones, derivados, divisas y materias primas.

## Ventajas fiscales

La ventaja fiscal es un incentivo económico asociado a ciertas cuentas de inversión.

## Ventajas fiscales

Las cuentas con ventajas fiscales son inversiones con beneficios fiscales. Estas cuentas tienen impuestos diferidos o están completamente libres de impuestos. Hay una serie de inversiones con ventajas fiscales, como los planes de jubilación y los bonos municipales.

## Cuenta de intermediación fiscal

Esta cuenta de inversión no tiene ningún beneficio fiscal.

## Impuestos diferidos

Las cuentas con impuestos diferidos son cuentas de inversión en las que los impuestos se pagan en una fecha futura. Hay una serie de inversiones con impuestos diferidos, como las IRA tradicionales, las cuentas 401(k), los planes 403(b), los planes 457, los seguros de vida entera, las rentas vitalicias variables y las IRA Roth.

## Símbolo de cotización

Es una abreviatura del nombre de la empresa. Se utiliza para representar a la empresa en el mercado de valores.

## Órdenes de stop dinámico

Una orden trailing stop es una orden para comprar o vender una acción si se mueve en una dirección perjudicial y desfavorable. Esta orden se ajusta automáticamente al precio más actual de la acción. Una orden trailing stop ayuda al inversor a aumentar sus beneficios y a limitar sus pérdidas.

## Inversión en valor

La inversión en valor es una estrategia de inversión que consiste en elegir una acción que cotice por debajo de su valor contable. Los inversores en valor invierten en acciones infravaloradas.

## Conclusión:

Me gustaría agradecerle y felicitarle por haber transitado por mis líneas de principio a fin. Espero que haya disfrutado de este curso de "comercio de acciones para principiantes". Espero que este libro haya podido ayudarle a iniciar su camino como inversor bursátil.

La inversión en bolsa es una forma estupenda de hacer crecer su patrimonio y ganar más dinero. Además, es una experiencia divertida y estimulante. Refuerza su lógica y aumenta considerablemente su capacidad de análisis. También le permite obtener ingresos pasivos.

Pero antes de iniciar su viaje hacia una gran riqueza e independencia financiera, repasemos los puntos principales de este libro:

La inversión en bolsa es una de las mejores formas de crear riqueza. También es una buena forma de obtener ingresos pasivos.

Una acción representa la propiedad parcial de una empresa. Cuando posee algunas acciones de una empresa, es esencialmente un propietario parcial.

Las empresas crean acciones para ayudar a recaudar dinero para la expansión del negocio. Cuando se crea una empresa, se clasifica como privada, pero una vez que empieza a vender sus acciones en el mercado de valores, se clasifica como pública.

Una OPI, u oferta pública inicial, es el proceso por el que pasan las empresas cuando venden sus acciones en un mercado de valores por primera vez. También se llama "salir a bolsa. "

Un mercado de valores es un lugar donde las empresas emiten acciones y donde los inversores compran acciones de la empresa. Una bolsa de valores es un mercado de valores.

Un mercado de valores tiene dos partes: el mercado primario y el secundario.

Hay varios actores en el mercado de valores, como los inversores, los accionistas, las empresas que cotizan en bolsa, los corredores de bolsa, los capitalistas de riesgo, el banco de inversión, el operador de piso, el corredor de piso, los analistas y las cámaras de compensación.

Se puede ganar dinero en el mercado de valores de dos maneras: apreciación del capital y pago de dividendos.

Hay dos tipos de acciones: las preferentes y las comunes.

Las acciones ordinarias son más baratas, pero sus titulares se encuentran en la parte inferior de la jerarquía de pagos. Esto significa que los titulares de acciones ordinarias sólo cobran después de que los titulares de obligaciones y de acciones preferentes reciban su parte.

Las acciones preferentes son más raras y caras, pero los accionistas preferentes no tienen derecho a voto. No pueden decidir sobre la política de la empresa.

Los precios de las acciones fluctúan por muchas razones, como la volatilidad del mercado, el desequilibrio de la oferta y la demanda de las acciones, los cambios en la política económica, los cambios en los tipos de interés, las predicciones económicas, la inflación, la deflación y los desastres naturales.

Un índice es una métrica que se utiliza para medir el rendimiento general del mercado de valores.

El mercado de valores se ve muy afectado por la especulación. Esta es la razón por la que existen los mercados alcistas y bajistas.

Un mercado alcista se produce cuando los inversores son tan optimistas que acaban comprando muchas acciones. Esto hace que los precios de las acciones suban.

Un mercado bajista se produce cuando los inversores son pesimistas y venden sus acciones en consecuencia. Esto hace que los precios de las acciones disminuyan y puede llevar a una caída del mercado de valores como la que ocurrió en 2008.

Para invertir en acciones, primero hay que entender la diferencia entre una acción y un fondo de inversión. Una acción individual representa una parte de la propiedad de una determinada empresa. Un fondo de inversión, en cambio, es una cesta formada por diferentes acciones. Un ETF es un fondo de inversión que se negocia en el mercado de valores como una acción.

También debe identificar su estilo de inversión. ¿Quiere ser un inversor a largo plazo o un operador diario? Esto le ayudará a elegir el plan de inversión adecuado.

Debe establecer un presupuesto. ¿Cuánto está dispuesto a invertir en acciones?

Elija una empresa de corretaje de confianza con la que trabajar. También hay que tener en cuenta las comisiones y los gastos de transacción. Es conveniente evitar las empresas que cobran comisiones elevadas.

Un plan 401(k) es un plan de jubilación que cuenta con un plan de contrapartida de la empresa. Esto significa que tanto el empleado como su empleador pueden depositar dinero en su cuenta 401k.

Una IRA, o cuenta individual de jubilación, es también un plan de jubilación que tiene ventajas fiscales. Hay varios tipos de IRA: tradicional, SIMPLE, Roth, conyugal, SEP y no deducible.

Una cuenta de corretaje imponible, como su nombre indica, es un plan de inversión abierto a través de un corredor de bolsa. No tiene ventajas fiscales, pero tampoco tiene límites y se puede retirar en cualquier momento.

 Si tiene una cuenta de corretaje, su corredor ejecutará sus órdenes comerciales. Usted no tiene que hacer mucho.

Si no quiere trabajar con un corredor, lo mejor es abrir un plan de compra directa. Esto le permite comprar las acciones directamente a la empresa.

Un plan de reinversión de dividendos le permite utilizar las ganancias de los dividendos para comprar nuevas acciones. Esto le ayuda a aumentar su cartera y las ganancias de la inversión con el tiempo.

Existen diferentes estrategias de inversión, como la inversión en valor, la inversión en crecimiento y la inversión en dividendos.

La inversión en dividendos es lo mejor para quienes desean recibir cheques de dividendos cada trimestre. Pero hay que tener en cuenta que los pagos de dividendos no están garantizados. La empresa puede reducir o recortar completamente los pagos de dividendos cuando los beneficios disminuyen.

La inversión en valor es para las personas que quieren invertir en empresas infravaloradas y estables. Muchos inversores experimentados utilizan esta estrategia. Es una estrategia de bajo riesgo, pero también puede hacerle perder oportunidades.

La inversión en crecimiento es ideal para los inversores más aventureros y reacios al riesgo. Los inversores en crecimiento apuestan por empresas de rápido crecimiento llamadas "unicornios". "Esta estrategia puede ayudarle a ganar miles de dólares en beneficios de revalorización del capital cada año. Pero también es arriesgada porque la mayoría de las empresas sobrevaloradas no están a la altura de las circunstancias.

El day trading consiste en comprar y vender acciones a lo largo del mismo día con la esperanza de ganar dinero rápido. Aprovecha la volatilidad del mercado de valores. Esta estrategia es ideal para los operadores a tiempo completo porque requiere mucho tiempo.

La venta en corto es una estrategia que no requiere una inversión inicial. También es una gran estrategia para aquellos que son un poco pesimistas. Esta estrategia le ayuda a beneficiarse de la caída de los precios. Cuando vende en corto, toma prestada una acción de su corredor y la vende al precio de mercado vigente. Una vez que el precio baja, puede volver a comprar la acción y devolverla a su corredor. La diferencia entre el precio de venta y el de compra es su beneficio.

Antes de invertir, hay que fijar objetivos. ¿Cuánto quiere ganar en un año o en un periodo de cinco años? ¿Qué riesgo puede asumir?

Para asegurarse de elegir las acciones adecuadas, hay que fijarse en varios factores, como la salud financiera de la empresa, la relación deuda/capital, la relación P/E, la rentabilidad, la cuota de mercado y el pago de dividendos.

Mire los ratios P/E y PEG de la empresa para ver si está sobrevalorada.

Hay varias operaciones que puede realizar con su corredor, incluidas las órdenes de mercado, las órdenes limitadas, las órdenes stop, las órdenes stop-limit y las órdenes trailing stop.

La orden de mercado es la más básica de todos los tipos de órdenes y debe ejecutarse en el día. Sin embargo, si quiere "comprar bajo, vender alto", debe realizar la orden limitada. Este tipo de orden le permite comprar o vender una acción a un precio específico durante un plazo determinado.

Una orden diaria es una orden que vence al final del día de negociación.

Una bolsa de valores suele cerrar a las 16:00 horas, pero tenga en cuenta que puede seguir negociando en línea fuera de horario. Puede negociar desde las 16:15 hasta las 20:00, y también puede negociar desde las 8:00 hasta las 9:15 antes de que abra la bolsa.

Puede utilizar una orden de stop para ayudar a reducir sus pérdidas.

Siempre puede cancelar un pedido. Sólo tiene que entrar en su cuenta, ir a su pedido y hacer clic en "cancelar". "

Una cuenta de corretaje le permite comprar y vender acciones en el mercado de valores. Suele abrirse a través de un corredor de bolsa. Esta cuenta puede contener diferentes tipos de valores, como acciones, fondos de inversión, bonos, fondos cotizados, REIT y certificados de depósito.

Estudie detenidamente el estado de cuenta de su corredor para detectar actividades fraudulentas.

Recibirá una confirmación de la operación cada vez que compre o venda una acción. Debe examinar la confirmación de la operación con detenimiento para asegurarse de que su corredor ha ejecutado la orden de acuerdo con sus instrucciones.

Debe invertir en una empresa con grandes beneficios y poca deuda. Por este motivo, debe mirar el balance con detenimiento.

Revise la confirmación de su corredor para ver si hay errores. Llame a su corredor de inmediato si ve irregularidades.

No invierta todo su dinero de inmediato. Pruebe primero el agua. Invierta una pequeña parte de su fondo de inversión y, a continuación, cuando obtenga al menos un 2% de beneficios por revalorización del capital, invierta otro pequeño porcentaje de su fondo de inversión. Repita este proceso hasta que haya invertido todo el dinero de su cuenta de corretaje.

Antes de comprar una acción, hay que hacer una investigación exhaustiva. Hay que hacer un análisis microeconómico y examinar el sector en su conjunto. ¿Va bien el sector? ¿Es buena la economía? ¿Es un buen momento para invertir en acciones?

Después de hacer el análisis macroeconómico, hay que investigar también la empresa. Hay que comprobar cómo está la empresa. ¿Tiene buena salud financiera? ¿Está obteniendo beneficios?

Para maximizar los beneficios de sus inversiones, debe gestionar bien su cartera. Una forma de hacerlo es diversificar sus inversiones.

La inversión en fondos indexados es una de las mejores formas de diversificar su cartera. Además, es poco costosa.

Invierta en activos no correlacionados. Invertir en activos no relacionados ayuda a reducir el riesgo y a repartir su riqueza en varios sectores.

Mire los hechos y los números. Utilice la lógica a la hora de tomar decisiones de inversión. Pero, a veces, también hay que hacer caso al instinto. Si algo no le parece bien, no lo haga.

No invierta en un solo sector. Nunca se sabe lo que va a pasar. Una industria entera puede ser irrelevante dentro de unos años. ¿Recuerda cuando el CD sustituyó al VHS? Pues bien, Netflix puede hacer que el cable se extinga pronto.

Intente colocar una orden de stop con su broker para minimizar sus pérdidas.

Invierta en empresas que pagan dividendos. Esta es una excelente manera de obtener un ingreso regular de sus inversiones.

No se aferre a sus inversiones durante tanto tiempo. Una vez que el precio empieza a bajar, es el momento de dejar ir sus acciones. A veces, los inversores se aferran demasiado a su posición bursátil y acaban perdiendo beneficios.

La inversión en bolsa es un animal complicado. No va a dominarlo en unas pocas semanas. Espere cometer errores o tomar malas decisiones de inversión. Cuando lo haga, no se castigue. Los errores forman parte de su viaje. Siga adelante.

Recuerde que la inversión en bolsa no es un plan para hacerse rico rápidamente, por lo que debe tener mucha paciencia.

Y por último, no dejes de aprender. Siga leyendo nuevos materiales. Conéctese con otros operadores de bolsa y asista a seminarios. Este libro es sólo un curso para principiantes. Hay más cosas que aprender.

Le deseo la mejor de las suertes